孩子们，到外面的世界去玩吧

［韩］姜宇根　罗恩熙　著

黄艳涛　译

孩子们，赶快走入大自然吧！

孩子们，快到这儿来！

小朋友们，小伙伴们，都到美丽的自然游乐场来玩吧！

起风了，就乘风嬉戏。阳光普照，就沐浴着日光，尽情玩耍。

即使没有任何玩具，在地里玩也很有趣。一块石头就够玩一天了。

在春季游乐场里，最先出来迎接我们的是春天的野菜，

艾草、芥菜、堇菜和蒲公英，既好吃又好玩。

摘一朵酸酸甜甜，又微微发苦的金达莱花尝一尝，

张嘴接住迎风飞舞的樱花花瓣，细细品尝。

在夏季游乐场里，树叶和小草的叶片都是绿油油的，

有的叶子味道鲜美，有的叶子容易爆裂。

还可以玩有趣的"捉虫子游戏"，捉着捉着，夏天就过去了。

秋季游乐场里到处都是落叶，

可以用落叶搭个小窝，或者拿落叶当被子盖。

如果把落叶抠图，再折叠起来玩，

你就会发现落叶是多么有趣的玩具素材。

到处都是甩也甩不掉、粘人的苍耳子，还有圆鼓鼓的橡子，秋天真是其乐无穷。

冬季的游乐场雪花纷飞，天寒地冻，最是有趣。

在暖烘烘的屋子里，面对面坐下，玩一玩翻花绳儿游戏或影子游戏，

漫漫长夜也就不那么无聊了。

孩子们，赶快打开门，走向大自然吧！

门外就是美丽的自然游乐场。

整个大自然都是属于你们的游戏世界。

目录

生机勃勃的春季游乐场

令人兴奋的夏季游乐场

趣味十足的秋季游乐场

银装素裹的冬季游乐场

生机勃勃的春季游乐场

一起去迎接春天，
采摘春天的野菜

欢迎，欢迎春天的到来。野菜，春天的野菜。

走吧，去迎接春天，以采摘野菜的方式来迎接春天，

到处都是春天的野菜，讨人喜欢的野菜。

一棵、两棵，这是垂盆草，这株、那株，都是泥胡菜，

走在路边，随手摘一把车前草和葶苈，

雀舌草和牛繁缕在路边争奇斗艳，

有趣的宝盖草和苍耳争先恐后地盛开着，

多么美味的野菜，多么有趣的野菜。

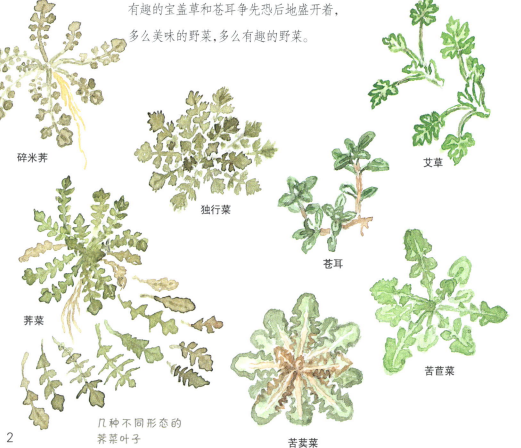

葶苈

一年蓬

碎米荠

独行菜

艾草

苍耳

荠菜

苦荬菜

苦苣菜

几种不同形态的
荠菜叶子

附地菜

繁缕

猪殃殃

酢浆草

鹅肠菜

雀舌草

采摘野菜

在春光明媚的日子里，
春风拂面，
"小伙伴们，去采野菜吧！"
"不要挖得太多，够吃就可以了。"
荠菜和苦荬菜的根也好吃，要把根部轻轻地挖出来。
艾草、水芹菜、垂盆草、一年蓬和繁缕，
这些菜，只要轻轻地掐断叶子和茎就行，
"把艾草和荠菜分开放在篮子里。"
"哇，春天被我装在篮子里啦。"
咻咻咻……春天的芬芳，香气四溢，真好！

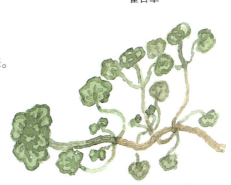

宝盖草

黄鹌菜

水芹菜

猜猜野菜的名字

这次拿出来哪种菜呢?
是拿泥胡菜,还是拿黄鹌菜呢?
他们手里容易缺什么菜呢?
"嗯,泥胡菜!"
"什么,我没有呀!"
"嘿嘿,我就知道你没有!"

①约定好时间,只能在规定的时间内采摘野菜。
②小伙伴们围坐在一起,排好顺序。根据喊出的
 菜名,依次拿出自己采摘的野菜。
③能拿出来相应野菜的人继续玩游戏,拿不出来
 的就被淘汰,留到最后的人获胜!

苦荬菜

婆婆纳

泥胡菜

董菜

4

药用蒲公英

尝尝野菜的味道

这种野菜,那种野菜,你刚才说它叫什么名字?
"该把这些野菜都归归类,放在一起,每样都尝一尝。"
味道发酸的野菜叫什么?
最苦的是泥胡菜,还是苦荬菜?
有辣味的野菜叫什么?
"独行菜跟芥末一样,辣得很冲。"
"荠菜、艾草、水芹菜,每种野菜的味道和气味都不一样。"
"这种野菜感觉滑滑的,
那种野菜摸上去很毛糙。"
尝一尝,闻一闻,
再用手摸一摸。

泥胡菜

垂盆草

小酸模

白屈菜有毒,不
能吃,一定要挑
出来。

茎叶若断了,就会
流出黄色的汁液。

白屈菜

月见草

有一点苦。

哦,好苦!

每种野菜的味
道都不一样。

又辣又苦。

有点苦。

气味很大。

5

盛满春天味道的拌饭

把好多种野菜混在一起,就是春天的味道!
吃上一口春香四溢的拌饭,如同阔步走在春天里!

*充分搅拌后吃上一口,
哇,这就是春天的味道!*

①把荠菜、水芹菜和蒲公英用清水洗净。

②把蔬菜上的水甩掉,切成小块。

③把一年蓬、满天星、附地菜、车前草和皱叶酸模放到沸水里煮一煮,沥干水分后切成小块。

芝麻盐　辣椒酱

香油

④把饭盛在盆里,然后摆上菜,加入辣椒酱、香油和芝麻盐,搅拌均匀。若放一个煎蛋就更好吃了。另外也可以摆一些堇菜当装饰。

野菜拌饭

踏青必备的饭团

搅拌均匀后,抓起饭,双手用力搓揉,
圆滚滚的野菜饭团就做好啦,
去踏青吧,出发!

①把独行菜和酢浆草洗净,切碎。

野菜饭团

食盐　苏子油　芝麻盐

②在饭里加入野菜、食盐、苏子油、芝麻盐等,搅拌均匀后撒入海苔碎。

海苔碎

③抓起饭,双手用力搓揉,制作圆滚滚的饭团。

迎春荠菜大酱汤

咻咻……荠菜散发着春天的清香。

吧唧吧唧……真香啊,荠菜大酱汤喜迎春天的到来!

①用鳀鱼和海带熬汤。

②在汤中加入大酱。

③放荠菜,再煮开一次。

荠菜大酱汤

喝了一碗荠菜大酱汤,感冒一下子就好了。

野菜三明治

春香芬芳浓郁的三明治

把绿油油的野菜夹到三明治里,春日的芬芳越发浓郁!

①把宝盖草、碎米荠、荸荠、垂盆草和雀舌草等野菜洗净,啪嗒啪嗒地抖掉水分。

青梅　芝麻盐

酱油

②加酱油、青梅和芝麻盐,拌匀。

蜂蜜

③在面包片的一面抹上蜂蜜。

④蜂蜜抹匀后加入野菜,再盖上一片面包。

春天，美味的野菜饼拼盘

野菜饼拼盘是春季的一道美味。小伙伴们围坐在一起，吃得津津有味。

①把满天星、苍耳、荠菜、艾草、水芹菜、宝盖草和一年蓬等野菜洗净，切成适当的小段儿。

②把切好的野菜倒入面粉中，加鸡蛋、食盐、芝麻盐和水，搅拌均匀。

③在平底煎锅内倒入油，把和好的面糊一勺一勺舀入锅中，煎至微黄。

春季美食中的最爱，鲜花煎饼

蒲公英、堇菜，美丽的鲜花饼。
鲜花煎饼饱含着对春天浓浓的爱意！

野菜饼拼盘

①在糯米粉里加入食盐，倒入煮沸的水，把面和得稠稠的。

②揉成面团后，揪下一块面，捏成圆圆的小饼。

蜂蜜

鲜花煎饼

③把蒲公英、堇菜的花瓣和叶子洗净，抖掉水分，撒在小饼上面。

④在平底煎锅中倒入油，小火煎熟。

最后一块是我的！　加油！　加油！

野花风车 ①

转起来啦！转起来啦！
滴溜溜地转起来了。
野花风车，
流畅地转着。

①把蒲公英的花茎剪成两段。

②在其中一段花茎上插上紫云英的花或者白车轴草的叶子。

③把另一段花茎含在嘴里，呼呼地朝着花朵吹气，风车就会转起来。

野花风车 ②

①在蒲公英的花茎两端剪出相同的十字花。

②放在水里浸泡后，花茎的两端会自然卷起。

③在花茎里插入松针或一根细秆。

野花风车 ③

把松针插入紫云英的花茎，然后用手抓住松针的两端，呼呼地吹气。

紫云英

④抓住细秆的两端，吹气。

野花水车（水碓）

用树枝做支架，从两端把野花风车架起，然后放在流动的水下，水车就做好了。

滴溜溜地转起来啦！

转起来啦！

问荆游戏

问荆的每一节都很有趣，
是剪断孢子茎呢，
还是剪断营养茎？
在其他人不知情的情况下，
把剪断的花茎小心粘在一起。
"嘻嘻，一点痕迹都没有。
到底刚才剪断的是哪一节呢？"

孢子茎

营养茎

这是从土壤里长出来的根茎，孢子茎先长出来，然后营养茎也长了出来。

问荆

土壤里的根茎

这到底是哪一节呢？猜猜看吧。

第三节。

第五节。

9

用野花玩 "拔老将" 游戏

用车前草或白车轴草的花茎,
来一场野花 "拔老将" 比赛吧?
把花茎交叉着勾在一起,往后用力拉!

白车轴草　　　董菜

车前草

车前草叶柄 "拔老将"。

白车轴草叶柄 "拔老将"。

把董菜花交叉着勾在一起,向后用力拉,谁的花朵先掉落,谁就输了。

蜂斗菜面具游戏

戴上蜂斗面具,来玩扮怪物游戏吧!

蜂斗菜　　叶子

花

先开花,后长叶。

叶柄

①把蜂斗菜的叶子蒙在脸上,挖两个孔当作眼睛孔,把叶柄撕成两半。

②把被撕开的叶柄从两侧绕到脑后,系起来。

蜂斗菜勺子

①把蜂斗菜的叶子沿虚线处向后折。

②把叶柄的皮扒开。

③如图,把叶片捼成勺子状,然后用叶柄的皮绑住。

蜂斗菜包饭

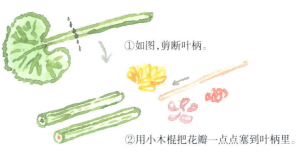

①如图,剪断叶柄。

②用小木棍把花瓣一点点塞到叶柄里。

③用刀把叶柄切成小段,色泽鲜艳又美味的蜂斗菜包饭就做好了!

鲜花手镯

把堇菜的花朵交叉着勾住，花茎绕手腕一圈后系在一起。

用手指甲在一朵白车轴草的花茎处掐一个小孔，把另一朵白车轴草的花茎从孔内穿过，让两朵花茎绕手腕一圈，然后将它们系在一起。

把蒲公英的花茎从中间分成两股，让两股花茎绕手腕一圈，然后将它们系在一起。

鲜花戒指

把堇菜花或者白车轴草的花茎环绕着编成手指粗细的圆圈，然后戴在手指上。

鲜花发带

把漂亮的花朵编织在一起，制作成美丽的发带！这个礼物送给谁好呢？

白车轴草　紫云英
　　　红车轴草　药用蒲公英

①摘朵野花，除去花茎上的叶子。

②如图，把花茎按顺序编织在一起。

③根据头围尺寸，把花茎系在一起，打个结。

也可以从两侧同步编织。

鲜花眼镜

①准备一段蒲公英花茎，如图，用手指甲在两端分别掐出小孔。

嘻嘻，我的眼镜好看吗？

②把紫云英或白车轴草的花茎插入孔中，漂亮的鲜花眼镜就做好了。

鲜花项链

①如图，用指甲把蒲公英的花茎掐出小孔，孔内插入另外一枝花茎。如此反复，接着插入另外一枝花茎。

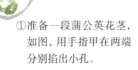

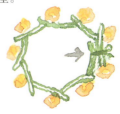

②最后，把两端的花茎固定在一起。

11

雌花

雄花

华榛

开了,开了,
春天的花儿绽放了

雌花

雄花

辽东桤木

春天是个令人愉快的季节。

到处鲜花盛开。

有粉红色的金达莱花和黄色的连翘,

有窃窃私语的樱桃花和叽叽喳喳的桃花,

有淡雅孤傲的春梅和喃喃低语的杏花,

如春光般明媚的花儿们争相怒放。

微风习习,花朵的芬芳随风飘散,

若伸出手摘下一朵,就会引来一场温柔的花瓣雨。

雌株、雌花

雄株、雄花

三桠乌药

山茱萸

雌花

雄花

锐齿槲栎

杜鹃花

杜鹃花与映山红的花叶在5月份同步生长。

映山红

山茱萸花两朵对开,有花梗。

4月,先开花后长叶。

金达莱

连翘

白木莲

木莲

12

杏

樱桃

樱花

梅子

李叶绣线菊

稠李

木瓜

品尝樱花花瓣

伴随着和煦的春风，
樱花花瓣漫天飞舞。
"哇，天上下起了花瓣雨！"
"花瓣雨飘飘扬扬，
从空中飞舞而下。"
"张口接住飘落的樱花瓣，尝一尝吧！"
一朵一朵的花瓣像极了飞雪，
樱花会是什么味道的呢？

桃

插花

"哎，如果我喜欢的连翘能早点开花就好了。"
仔细看看三桠乌药、连翘、金达莱和玉兰，
有的已经能看见花苞了。
"花朵是在花苞处开放的吗？"
"当然，应该剪几枝有花苞的树枝，先睹为快。"
"嘻嘻，如果花开了，那春天就会来到我家。"

① 从树枝比较茂盛的树上，剪两枝有花苞的树枝。

② 准备一个瓶身略高的瓶子，瓶内盛水，然后把树枝插入瓶中。两至三天换一次水。

尝尝金达莱花的味道

杜鹃科中，能食用的是金达莱，
不能食用的是杜鹃花。
是金达莱花，还是杜鹃花，
一定要认真识别后，才可食用。
金达莱花的花蕊也是不能吃的，
要记得除去，只有花瓣是可以吃的。
可食用的金达莱花会是什么味道呢？

酸溜溜的……
甜滋滋的……
苦丝丝的……

金达莱

用金达莱花蕊比赛"拔老将"

小心翼翼地把金达莱花的花蕊交叉勾在一起，然后向后用力拉，来一场"拔老将"比赛吧！
花叶可以食用，花蕊用来做游戏，
"哎，用力太大花蕊会断的，要轻一点呀。"
"哼，我的花蕊断了，我输了！"

鲜花项链和鲜花发带

是戴着金达莱项链去春游呢，
还是戴着连翘发带去品尝春天的盛宴呢？
或者戴上杜鹃花项链去松鼠面前炫耀一番，
把樱花发带送给田鼠做礼物吗？

鲜花发卡

①在针上穿线，在线的末端绑一截树枝。

②用针扎起掉落在地上的樱花花瓣，穿在线上。

③当花瓣密密匝匝地穿在线上后，除去针和树枝，
把两端的线系在一起。

连翘、金达莱花和杜鹃花发带

①把线夹在松针上。

连翘

金达莱

杜鹃花

②用松针分别把连翘、金达莱和杜鹃花穿在一起。

把不同种类的花分别
穿成串。

③除去松针，把两端的线系起来，挂在脖子上就
是鲜花项链，戴在头上就成了鲜花发带。

鲜花发卡

只要有鲜花，就能轻松地拥有鲜花发卡！
"给你做一个连翘发卡呢，
还是做一个金达莱花发卡，或者杜鹃花发卡？"
"也给我做一个吧！我要别在胸前。"

在白木莲花瓣上画画

白木莲花瓣是一张小小的图画纸，
这样画，就出现了一只活蹦乱跳的小白兔，
那样画，就飞出了一只漂亮的蝴蝶。
"我要用树枝在花瓣上扎孔，作画。"
"我要拿签子在花瓣上扎孔，作画。"
小伙伴对着花瓣微笑，春天也笑了。

有这么多花瓣，画坏了也没关系。

我拿来了足够多的白木莲花瓣，快画吧。

寻找五瓣紫丁香

紫丁香花的名字很好听，香气也十分浓郁。
密密麻麻的小花，可爱的紫丁香。
"每朵紫丁香花瓣都会分成四片。"
"也有五片的，快找找看。"
"这里，在这里！是我先找到的。"
听说吃掉五片花瓣的紫丁香，就会有喜事发生。
"哇，那我要找到一百朵，统统吃掉。"

欸，
有点苦啊。

让樱花瓣飞起来

哇，满地都是樱花瓣，
就像鹅毛大雪一样。
把樱花瓣收集起来，再让它们飞起来吧！
在起风时扬起樱花瓣，会更有趣的。

要轻轻地收集花瓣。

仔细点，只要花瓣。

哇，
简直是鲜花盛宴！

下起花瓣雨啦！

春天里见到的第一只蝴蝶是什么样子?

扑啦啦……扑啦啦……
围绕在花朵的四周翩翩起舞,飞来飞去,
"蝴蝶,是蝴蝶!"
小伙伴们,你们在春天见到的第一只蝴蝶是什么样的?
"嘿嘿,我看到的是一只会带来好运的金凤蝶!"
"唉,我看到的是一只会带来厄运的白蝴蝶!"
为什么从前的人们都讨厌白蝴蝶呢?
那是因为白蝴蝶会啃食白菜和萝卜。
"现在已经不是从前了,见到什么样的蝴蝶都会带来好运!"
春天,见到何种蝴蝶,会怎样? 都是开心的,好开心!

钩粉蝶

黄钩蛱蝶

菜粉蝶

柑橘凤蝶

斑缘豆粉蝶

碧凤蝶

大琉璃灰蝶

橙灰蝶

蓝灰蝶

朴喙蝶

黑纹粉蝶

大地是美好的，
泥土也是美好的

大地，宽广的大地，就是个天然的游乐场。

每个角落都可以妙趣横生，

大地之上，满是泥土。

泥土像妈妈一样，哺育着树木和小草，

又像是粮食，喂养着蚯蚓。

它们有的松软，有的疏松，也有的很粗糙，

泥土在我们手里千变万化。

可以被塑造成任何样子，

泥土，感谢你！谢谢！

要画一只巨大无比的恐龙，像真的一样。

18

在地上画画

大地是一张大大的图画纸，
你能在上面画出任何美妙的事物。
比如高大威武的恐龙，
画坏了也没关系，用脚抹去痕迹，重画就可以啦。
嚓嚓嚓……擦掉痕迹，吱吱吱……重新来画。
可以一个人画，也可以和小伙伴们一起画。
"我要在水枪里装满水，用水枪画。"
"那我就用水壶作画！"

巨大的蜗牛！

这么多人在一起画，
感觉更好玩啦！

蜗牛游戏

在蜗牛圆咕噜嘟的家里，
我们要像蜗牛一样慢吞吞地走，
不，要像风一样嗖嗖地跑起来。
滴溜溜溜，嘻嘻哈哈，
"哎哟哟，好晕啊！
我感觉天旋地转。"

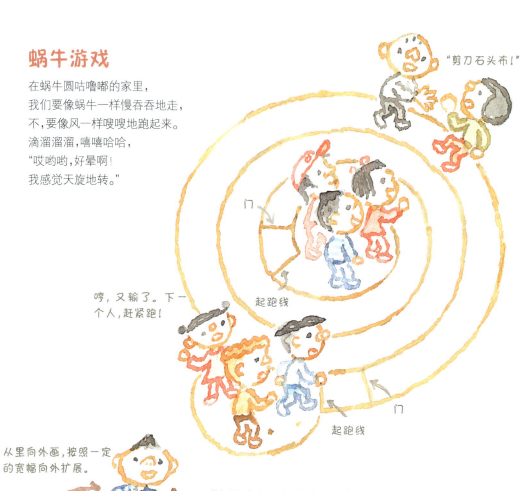

"剪刀石头布！"

哼，又输了。下一个人，赶紧跑！

起跑线

起跑线

从里向外画，按照一定的宽幅向外扩展。

①如图，在地上画一个"蜗牛之家"的游戏场地。
②人员分成两组，一组在外面，一组留在里面。
③游戏开始时，两组各选一人，一组由外向里跑，另一组由里向外跑。
　跑的时候不能踩线。
④两人碰面时，停住脚步，进入"剪刀石头布"游戏环节。
⑤赢的小朋友继续跑，输的小朋友返回起点。
⑥如果自己的组员输了，另一个人赶紧跑出来，继续游戏。
⑦哪一组的人先跑到对方门内，该组获胜。
⑧两组交换阵地，重新开始游戏。

踩线的人会
被淘汰！

啊，你踩线了。

老在转圈，
真晕啊。

20

"8"字游戏

沿着弯弯曲曲的"8"字跑道
跑起来吧!
"快跑呀!"
"快跳过去!"
大家都跳过去的话,捉家就扑空了。
"等着瞧,我要反方向追回去啦!"
捉家的心情也忐忑不安。

木槿花开啦!
捉家,来抓你
们啦!

嘻嘻,有本事
来抓我呀!

①如图,在地上画一个两端封住的"8"字形游戏
　场地。
②通过"剪刀石头布"游戏环节选出捉家。
③捉家高喊"木槿花开啦!",游戏开始,如果其
　他人不想被抓到,就沿着"8"字跑道,赶紧跑。
④捉家不能越过两端的封堵线,其他人可以越
　过去继续跑。
⑤其他人被抓住或者踩线了,就变成捉家。
⑥捉家换人后,从第③环节,游戏重新开始。

捉家是不能越
线跳过来的。

符合下列情况之一,
本轮淘汰。

·踩线或出线。
·用手拄地。

唉,没抓到!

21

抢地盘游戏

小伙伴们,去运动场玩抢地盘游戏吧!
只要有宽广的大地,随时随地可以玩起来。
"我脚大,所以我的家就大。"

让棍子沿着自己脚尖移动,
画个半圆,就是家了。

抓住另一个小朋友的手转一圈,
圆就画好了。

①每人找一个又小又圆的小石子,收好。在地
　上画一个大大的圆圈或四方形。

②把脚当作圆规画一个半圆,再用"剪刀石头布",决
　定小朋友的游戏顺序。

哇,回家了!

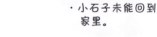

不是用手指推动小石子,而
是用手指甲弹出小石子。

符合下列情况之
一,成绩无效。

·小石子停在线上。
·小石子未能回到
　家里。

③从自己的家开始,用指甲盖弹出小石子,沿着小石
　子的行动轨迹画线。连续弹三次小石子,如果小
　石子能重新回到家里,那么线条圈住的地方都是
　你的地盘了。

哎呀,完蛋了。

伸开大拇指和中指,
量量有多长。

这是通过用拇指
和中指量长度抢
到的地盘。

这是通过弹小石子
抢到的地盘。

④用手量一量,两条线之间一拃
　以内的土地都是你的。

⑤如果弹了三次,小石子还没有回
　家,那这一轮就结束了。按照游戏
　顺序,轮到其他小朋友弹石子。

⑥即使把石子弹到别人的地盘里,只
　要在规定的次数内,小石子还能回
　家,就可以瓜分他(她)的地盘。

⑦这个游戏可以一直玩到没有剩余
　土地为止,地盘最大的人赢得比赛。

盖癞蛤蟆窝

"癞蛤蟆，癞蛤蟆，快挑水回来吧，我给你盖了房子。"
"癞蛤蟆，癞蛤蟆，快蹦蹦跳跳地回来吧。"
往手背上多堆些土，堆得结结实实的，
如果堆得太高太结实，手抽出来的时候会费点劲，
要轻轻地往外抽手，不能让房子倒塌。

① 在一只手的手背上堆土。如果土很干，
不能黏在一起，可以掺点水。

"癞蛤蟆呀，癞蛤蟆呀，给你
旧房子，给我新房子。"

② "癞蛤蟆呀，癞蛤蟆呀"，一边唱着歌，一
边噼里啪啦地敲打着，把土压实。

③ 轻轻地抽出手，只要土堆不坍塌，癞蛤蟆
的窝就建成了。

砸泥球游戏

黏土、沙土、山土、田土、红土和黑土，
原来土还有这么多种类。
如果把土用力揉成团，
哪种土攒成的团更结实呢？
若加水和一和，会更加结实吗？
或者，放在阳光下晒干，会更结实吗？

我要洒点水再做。

我要把它们
放在阳光底
下晒干。

① 把土用力揉成拳头大小，做几个泥球。

② 用"剪刀石头布"决胜负，输的人把泥球放在地
上，赢的人把泥球从上面扔下来，砸碎对方的
泥球。
③ 如果对方的泥球被砸碎了，游戏继续。如果没
碎，交换位置，继续游戏。

挖倒旗杆游戏

把土堆成小山那么高,在山顶插上小旗杆,
"游戏刚开始,要多拿些土呀。"
"土剩下不多了,旗杆快倒了,
要一点一点,轻轻地挖。"
旗杆开始摇晃,好像快倒了。
"哎呀,倒了。完蛋了!我输了!"

一次就收获了这么多土!

哎呀,倒了!

①把土堆在一起,上面插一根树枝。
②用"剪刀石头布",决定小朋友的游戏顺序。
③按照游戏顺序,小朋友们用双手从土堆底部,根据自己的意愿挖土。轮到自己的时候,才可以挖土。
④把树枝挖倒的人出局,不能继续游戏。剩下的人从头开始玩,根据小朋友面前堆放土的多少,决定游戏顺序。
⑤只剩下一个人的时候,游戏结束。

寻找隐藏的文字

"藏个什么字呢?"
"呵呵,刻上小朋友的名字吧。"
在字的表面轻轻地撒一些土,把字藏起来。
小心翼翼地除去浮土,
"出来了,出来啦!是我的名字!"

呼……呼……

①找个土质结实的地方,小朋友散开,互相保持一段距离。
②用棍子把想要写的字使劲刻在地上。
③刻好后,在字的表面轻轻地撒上一层土。
④围绕所刻的字画一个圆。
⑤可以用嘴吹,也可以用手除去浮土,把其他小朋友隐藏的字猜出来。

光脚漫步在林间小路上

光着脚丫，在地上走走看吧，泥土钻进脚趾缝里，
脚底板滑溜溜的，即使只走一小段路，也是超级好玩的。

哦，脚好凉啊。

脚指头痒痒的。

光着脚走路，
心情真好啊。

挖土

走在林间的小路上，
找找看有没有红色的黏土。
找到后，装在桶里带回去。

筛土

把带回来的黏土用筛子筛一
筛，过滤掉沙子和树枝。

和泥

倒一些水在过滤后的细土里，
和一和。用小手在泥土里揉来
揉去，和一个大泥团。

哇，名副其实
的黏土！

漂亮的细土簌簌
地漏下来，感觉我
们这里是磨坊。

筛土游戏真好玩。

用黏土做手工

竖着耳朵的小兔子，
双腿肥硕的恐龙，
身材修长的蛇，
车轮圆圆的小汽车！
拍拍打打，用黏土能做出任
何东西！
想捏什么就捏什么吧。

即使做一整天的手工，
还是会兴致勃勃！

25

黏土打靶游戏

把黏土团成泥球，
指定一个目标物，
加油！加油！把泥球扔过去，
看看能打中几个。

用泥水涂脸

把黏土倒在水里，水就会变化出漂亮的颜色。
用着色的泥水给小朋友化个漂亮的妆吧，
化成大老虎，还是化成小花猫呢？

捆黏土

把黏土捆得像老爷爷的胡子一样长，
比一比，看谁捆得最长？

在土里寻找小虫

土里到底生长着什么样的虫子呢？
"我是找虫子大队长！"
"啊，虫子！太小了，肉眼几乎看不到。"
"土壤简直是虫子的王国呀！"

在落叶底下，
会藏着什么虫子呢？

把土挖开看一看吧。

哇，是一只蟋蟀！

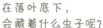

①地上放个托盘，从草丛或田里取一些土，把土倒在筛子里筛一筛。

②用湿润的笔，把小小的虫子沾起来，放到瓶子里。

③把筛子里剩下的落叶和土倒在托盘上，仔细翻找，找出虫子。

锹甲、蜘蛛、普通卷甲虫、蚯蚓……掀开石头，底下有很多小虫子。

在土壤里生活的虫子

土壤里生活着很多虫子，
土壤既是它们的食物，也是它们的家。
虫子们会在土壤里产卵，
当危险降临的时候，它们会严严实实
地藏在土里。
在土里生长的虫子身材短小，
大部分都无法用肉眼看到。
因为有了虫子，土壤才更健康。

蜱螨

弹尾虫

日本黑褐蚁

日本弓背蚁

津岛铺道蚁

针毛收获蚁

青革土蝽

缘殖肥螋

隐翅虫

雄虫 雌虫

蝼蛄

蚂蚁杀手
（蚁蛉幼虫）

蚂蚁地狱
（蚁狮的窝）

红光熊蜂

花蜂

花蜂的窝

叶角扁葬甲

艳大步甲

斑步甲类

苏氏狼蛛

蜗牛

双线蛞蝓

普通卷甲虫

它的身体可
以卷缩成圆
球状。

鼠妇

蚯蚓

地蜈蚣

黄地老虎幼虫

磕头虫幼虫

丽金龟幼虫

27

多才多艺的小石头

圆溜溜,微笑着的小石头,

凹凸不平,生着气的小石头,

光滑帅气的小石头,

粗糙任性的小石头,

石头的种类真多呀!

可以在各种各样的石头上画脸谱,

也可以玩心惊肉跳的飞石游戏,怎么玩都可以。

小石头啊小石头,真是多才多艺的小石头!

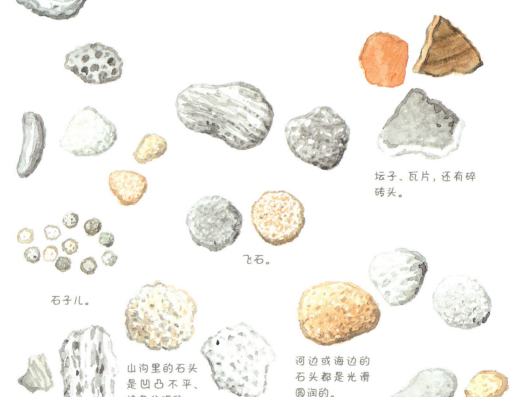

坛子、瓦片,还有碎砖头。

石子儿。

飞石。

山沟里的石头是凹凸不平、棱角分明的。

河边或海边的石头都是光滑圆润的。

找石头

哪里的小石头比较多呢？
吱溜吱溜地跑去游乐场，跑去公园，
像松鼠一样吱溜吱溜地到处看看，
去江边或山沟里看看，
哇，有各式各样的小石头，
简直是小石头的王国！

又圆又扁的小石头！留着玩飞石游戏！

又光滑又漂亮的小石头，要把我的脸画在上面。

堆石塔

要小心翼翼地堆呀！
在规定的时间内，把石头一层一层摞起来。
比一比，看谁的石头堆摞得最高？
找根木棍来量一量吧。

哎呀，倒了。

要堆一些光滑扁平的石头才行啊。

石头沾水后，色泽和纹络会更加清晰。

层数不多，却很高。

砸倒石塔

来玩扔石头砸石塔游戏吧。
用"剪刀石头布"，决定小朋友的游戏顺序。
谁砸倒的层数最多，谁就获胜。
稍等，由于扔石头有一定的危险，
小朋友们要和石塔保持一定的距离，
也不可以朝着小朋友们站的地方扔石头。

29

石磨儿

选一块表面宽大扁平的石头，
咚咚咚……把草叶和花瓣在石头上面捣碎，
做成草叶糕和花瓣糕。

把捣碎的砖头末轻
轻地撒在草叶上，
搅拌均匀，就成了
草叶泡菜。

把草叶在石磨
儿上咚咚咚地
捣碎。

用小手攥成草叶糕。

飞石打靶游戏

"你背我！"
"绕着亭子转一圈再回来！"
如果投中了飞石，赢了比赛，
就可以让别的小朋友为你做任何事情。

靶子的样式可以换
成更有趣的样子，分
数也可以修改。

啊！小石子压在线上
了，那就舍低分取高
分吧。

①在地上画一个靶盘，然后在几步远处画一条线。
②在靶盘里填写分数，然后用"剪刀石头布"，决定小朋友的游戏顺序。
③小朋友们轮流抛出石子，从第一个小朋友开始记录得分。
④按照比赛成绩排名，从获得第一名的小朋友开始，可依次指派落后
于自己的小朋友跑腿。第一名可以在从第二名到倒数第一的小朋
友之中选人，让他（她）做一件事，第二名可以在第三名到倒数第一
的小朋友当中选人。以此类推。
⑤所有惩罚结束后，从第②环节重新开始游戏。

飞石

飞石是指在玩飞石游戏
时使用的又小又扁的小
石头。

抛石 "跳房子" 游戏

如果不熟练，可以把房子画得小一点。

"小石子啊，小石子啊，你可一定要进去呀。"
哎嘿！抛出小石子，
小石子蹦蹦跳跳地穿过了很多房间，
想让石子停留在"天空"房里，真的好难啊，太难啦！

① 在地上画个房子，小朋友分成两组。
② 用"剪刀石头布"定顺序，获胜的一组先把小石子扔到1号房间，游戏开始。不能进入已经有小石子的房间。
③ 1至2号房间，4至5号房间和7至8号房间需要双腿着地蹦进去。3号和6号房间，需要单腿跳进去。
④ 跳到7至8号房间后，转身往回跳。返回时顺便捡起小石子，跳回来。
⑤ 第一轮结束后，把小石子丢入2号房间，继续刚才的游戏。
⑥ 跳完第八轮后，把小石子扔进"天空"房，跳入"天空"房后，把石子放在脚背上踢起来，然后用手抓住石子往回跳。
⑦ 在起点背对着房子，把石子越过头顶向后扔，石子进入哪个房间，那个格子就是他的专属房间。当别的小朋友跳房子时，不能踩到这个房间，只能越过去。
⑧ 拥有房间最多的一组，或者对方组员无法越过自己组的房子跳过去时，即为获胜。

符合下列情况之一，本轮淘汰。

· 踩线。
· 小石子没有被捡起来。
· 小石子压线或者越界。
· 脚或者小石子进入别人的房间里。

我是自由人。

分组的时候，在人数为奇数的情况下，年纪最小的小朋友当自由人。自由人同时编入两组，可以玩两轮。

踢石 "跳房子" 游戏

砰……在单腿站立的情况下，踢出石子。
"哎呀，完蛋了！"
如果脚上太用力，石子被踢歪，就被淘汰。
想继续游戏，一定要轻轻地把石子踢到下一个格子里。

① 在地上画房子，用"剪刀石头布"，决定小朋友的游戏顺序。
② 把石子扔进1号房间，单腿跳进去，再把石子踢进2号房间。
③ 按照2、3、4、5、6、7、8的顺序，单腿站立，把石子逐一踢进下一个房间。
④ 如果中间没有失误就跳回起点。从2号房间开始重复刚才的游戏。
⑤ 跳完第八轮后，在起点处转身背对着房子，把石子越过头顶向后扔，石子进入哪个房间，那个格子就是他的专属房间。
⑥ 拥有房间最多的小朋友获胜。

单腿跳的过程中，如果跳到自己的房间里，可以双脚着地站立。

符合下列情况之一，本轮淘汰。

· 石子压线。
· 未能跳进下一个房间。

飞石

① 在地上画两条平行线，小朋友们分成两组，用"剪刀石头布"，决定游戏顺序。

② 输的一组在其中一条线上依次摆好飞石。赢的一组在另一条线外站好，按照顺序轮流用飞石击打对方的飞石。

③ 如果击中并把对方飞石打掉，就继续击打下一个飞石。如果没有击中，换成下一个小朋友继续游戏。如果组员中一直有人未被淘汰，对方所有的飞石都被打掉了，那么进入下一环节的游戏，淘汰的组员"复活"。

④ 如果还没有打掉对方的飞石，组员已全部淘汰，换另一组发起攻击。

⑤ 再次发起攻击时，从上次失败的环节重新开始。

⑥ 完成最后游戏环节的一组获胜。

打偏啦！
加油！加油！

过了第一关就容易了。

符合下列情况之一，本轮淘汰。

· 在前进的过程中，石子掉落。
· 未能打掉对方的飞石。

飞石游戏步骤

① 在线外扔飞石。

② 跳一步后扔飞石。

③ 跳两步后扔飞石。

④ 跳三步后扔飞石。

把飞石抛起，跳三步后，在第四步的时候踢飞石，击打对方的石头。

⑤ 跳三步后踢飞石。

把飞石放在脚背上，踢出飞石击打对方的石头。

⑥ 小偷的脚。

把飞石夹在脚踝中间。

⑦ 兔子蹦。

把飞石夹在膝盖中间。

⑧ 尿炕精。

把飞石夹在裤裆处。

⑨ 屁屁。

把飞石放在肚子上。

⑩ 大肚老板。

把飞石放在手背上。

⑪ 飞机。

把飞石夹在腋下。

⑫ 报童。

把飞石放在肩膀上。

⑬ 勋章。

把飞石放在后颈上。

⑭ 货郎。

把飞石顶在头上。

⑮ 卖糕人。

把飞石扔出去，然后闭上眼睛找到飞石后，投出去。

⑯ 盲人。

石头脸谱

有样貌轻浮的塌鼻梁脸，有坑坑洼洼的丑八怪脸，
还有哈哈吼吼大笑的石头脸谱。
有我的笑脸，还有其他人戴眼镜的脸谱，
都来画画看吧。
可以画大白胡子猫和小鼻子狗，
还可以在石头上面写字。

"接石子儿"

哪里有圆滚滚、板栗大小的石子儿呢？
要想玩"接石子儿"游戏，需要找来好多小石子。
把好多圆滚滚的小石子撒在地上，玩一玩"接石子儿"游戏吧。

①把 50 个以上的小石子撒在地上。
②抓一把小石子向上抛，再用手背接住下落的石子儿，谁接的石子儿最多，他就第一个开始游戏。
③从手背接到的石子儿中挑出一个握在手中。

④把手里的石子儿往空中抛，然后用手在地上尽可能多抓一些石子儿，再接住
被抛出又落下来的那个石子儿，手里的所有石子儿都归自己所有。

符合下列情况之
一，本轮淘汰。

· 没有接住抛向空中
的石子儿。
· 接石子儿的时
候，碰到了其
他石子儿。

⑤直到地上的石子儿都被接光，拥有石子儿最多的人获胜。

五个石子儿（"接石子儿"游戏）

①确定赌注为几岁后，决定小朋友的游戏顺序。
②把五个石子儿撒落在地上。

一次抓一个→一次抓两个→一次抓三个→一次抓四个→五个石子儿全部抛出，游戏重新开始。
最先达到赌注年龄的人获胜。

一次抓一个

拿起一个石子儿扔向空中，赶紧抓起地上的一个石子儿，然后接到落下来的那个石子儿。就这样一个一个地抓起，直到把四个都抓完后，第一轮结束。接着再玩一次抓两个，第二轮结束后，再玩一次抓三个，把剩下的一个抓起后，本轮游戏结束。

一次抓四个

五个石子儿都抓在手里，把其中一个抛向空中，其他四个撒在地上，然后接住落下来的那个石子儿。把五个石子儿都放在地上，拿起其中一个抛向空中，把地上的四个一次性都抓在手里，再接住落下来的那个石子儿，本轮游戏结束。

把五个石
子儿全部
抛向空中

我赢了三岁。

抛出石子儿后，重新抓在手里的石子儿数量就是自己赢得的年岁。

把五个石子儿全部抛向空中后，用手背接住，顺势再次抛向空中，这次手掌心朝上接住落下的石子儿。接到几个石子儿，就赢了几岁。

符合下列情况之一，本轮淘汰。
· 接石子儿的时候，碰到了其他石子儿。
· 未能接住抛出后又落下的石子儿。
· 五个石子儿一起抛出时，手背向上接住石子儿，再抛出所接住石子儿后，未能全部抓在手里。

辣椒酱

在接四个石子儿和五个石子儿全部抛出的环节中间，有一个游戏环节叫"辣椒酱"。游戏规则是把五个石子儿攥在手里，然后向空中抛一个石子儿，小朋友一边用食指点地，一边喊"辣椒酱"，随后接住落下的石子儿。

拱桥 "接石子儿"

①把一个石子儿抛向空中，在石子儿落下来之前，用拇指和食指搭个拱桥，用另外一只手把地上的一个石子儿推入拱桥。

②如此循环，当地上的四个石子儿都被推入拱桥后，打开拱桥，把四个石子儿全部抓在手里，接住落下的石子儿。

③然后是两个、两个分别被推入拱桥，最后是三个一起和剩下的一个分别被推入拱桥。

④接下来是四个石子儿环节。把五个石子儿同时抓在手里，把其中一个石子儿抛向空中，其余四个石子儿撒在地上，然后把这四个石子儿一次性推入拱桥，打开拱桥，赶紧抓起地上的四个石子儿，再接住空中掉落的石子儿。

⑤一次性推入五个石子儿的游戏规则同上。

用手搭个拱桥，往拱桥内推石子儿。

象鼻子 "接石子儿"

①把五个石子儿撒落在地上。

②双手十指交叉，做成口袋状。两根食指合作，像大象鼻子一样，夹起石子儿后传递给两根拇指，然后放入掌心口袋。把五个石子儿全部放入掌心口袋后，第一轮游戏结束。

③第二轮是按照同样的方法，一次性分别夹起两个、两个和一个石子儿传递。第三轮是按照同样的方法，一次性分别夹起三个、两个石子儿传递。要想一次性夹起两个或三个石子，需要食指和拇指配合完成。

④一次性夹起五个石子儿的游戏规则同上。

傻瓜 "接石子儿"

①把五个石子儿撒落在地上。

②把一个石子儿抛向空中，在石子儿落下来之前，抓起地上的另一个石子儿，不用接住掉落的石子儿。如此反复。

③然后以同样的方式抓起两个石子儿抛出，再从地上抓起两个石子儿，不再去接掉落的两个石子儿。然后一次三个石子儿，一次四个石子儿，也以同样的方式继续游戏。

④一次性抛出五个石子的游戏规则同上。

符合下列情况，本轮淘汰。
· 接石子儿的时候，碰到了其他石子儿。

35

观察春季夜空的星座

在一个晴朗的夜晚，仰望星空，
先找到导航星，通过它来认识一下春季夜空的星座。
在春季的夜晚，天空中有只体积庞大的熊，是大熊座。
在大熊座的尾巴处，汤勺模样的星座是北斗七星，
哗啦哗啦……在天空的水井里舀水。
处女座的左手边，长得像大麦穗一样的是角宿一，
狮子座的尾巴是五帝座一，
牧夫座的左脚脚背处是大角星，
上述三颗星连起来就是春季夜空的等边三角形。
这三颗星就是导航星！
"北冕座、猎犬座、乌鸦座、巨蟹座……全都找到了！"
在春季夜晚的星空，有很多有趣的故事，
那是缓缓流动的星星之路。
夜晚与春天，都变得越来越浩渺悠远。

哎呀，是熊的尾巴。为什么那么长呀？

大熊座

北斗七星

牧夫座

猎犬座

春季大曲线

处女的钻石

Denebola
（五帝座一、狮子座 β 星）

Cor Caroli
（常陈一、猎犬座 α 星）

Arcturus
（大角星、牧夫座 α 星）

春季等边三角形

北冕座

处女座

乌鸦座

Spica
（角宿一，处女座 α 星）

北斗七星像个鳐鱼风筝。

北斗七星升得最高。

一颗星、两颗星……

找到了！牧夫座！处女座！狮子座！

东

找到啦！是北斗七星！

在天空中一眨一眨，连在一起的七颗星星，
叫作北斗七星，北斗七星像个汤勺。
在漆黑的夜空中，北斗七星会在哪里呢？
在那里，在那里！在大熊座的屁股和尾巴处。
咣当咣当……像是骏马在拉车。
也像一把长长的镰刀。

北斗七星四季位置图

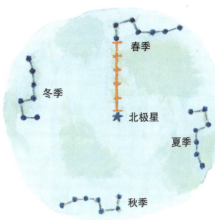

春季
冬季
★ 北极星
夏季
秋季

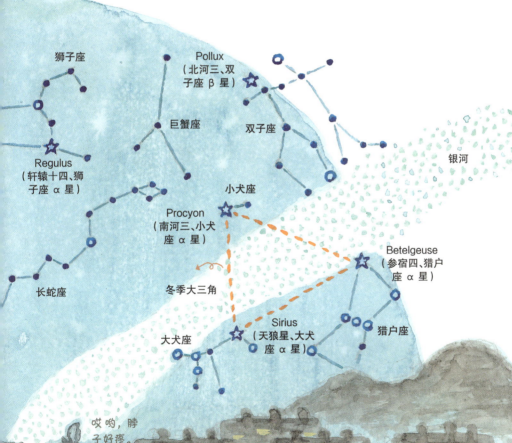

狮子座

Pollux
（北河三、双
子座 β 星）

巨蟹座

双子座

银河

Regulus
（轩辕十四、狮
子座 α 星）

小犬座

Procyon
（南河三、小犬
座 α 星）

Betelgeuse
（参宿四、猎户
座 α 星）

长蛇座

冬季大三角

Sirius
（天狼星、大犬
座 α 星）

猎户座

大犬座

哎哟，脖
子好疼。

☆ 一等星　◎ 二等星　● 三等星以下

一等星
人类肉眼可以看到的星星，根据亮度被分为六个等级。一等
星是最亮的，是六等星亮度的 100 倍，天狼星、牵牛星和织女
星都是一等星。

南

西

 # 令人兴奋的夏季游乐场

夏天的味道

夏天来了,夏天来了!

热浪扑面的夏天到了!

如果想避暑,是去树林,还是去海边呢?

如果去树林玩,可以立即消暑,

如果去海边玩,你会爱上夏天。

在夏天,凉爽的树林是个好的去处,

在夏天,蔚蓝的大海也是个好的去处。

夏天啊夏天,这就是夏天的味道!

"脚不沾地"抓人游戏

快抓呀！快抓呀！
为了防止被抓住，双脚不要着地。
嗖嗖嗖地爬上树，
蹦蹦跳跳地跳到石头上，
晃晃荡荡地吊在树枝上。

①确定游戏场地的范围。
②用"剪刀石头布"，选出捉家。
③捉家从 1 数到 10，就可以去抓那些脚
　还着地的人。
④为了不被抓，小朋友们要么跑到石头
　上，要么把自己挂在树枝上。
⑤如果脚着地的人被抓住了，他就成了
　捉家，游戏重新开始。

如果跑到游戏场地的外面，就算犯规。

我的脚可没有着地哟！

抓到啦！

41

盖房子

捡一些地上的树枝,割点草秆,搭个漂亮的房子吧。
"哟呵,漂亮又凉爽的草房子盖好啦!"

①用粗一些的树枝搭框架。

②在框架之间插一些细的树枝。
③把带叶子的小树枝和草捆成不同
　的束,从框架底部开始苫。

藤蔓秋千

"嗯嗯儿,真好玩呀!"
"晃晃荡荡,好刺激呀!"
搭在树枝上的有猕猴桃藤秋千,
还有葛蔓秋千,
用藤蔓做的秋千真是太好玩了。

来盖几种不一
样的房子吧。

荡着猕猴桃藤秋
千,感觉自己是
电影里的"泰山"。

多多……
多……多

树叶面具

找一片大大的树叶,抠两个孔。
在叶子上插一根树枝或草秆,叼在嘴里。树叶面具
就做好啦!

戴面具的时候,用嘴
咬住横插在树叶上的
树枝或草秆。

哈哈哈,我们
是山妖!

用草和藤做的发带

"哇，好清凉的发带！"
可以用荞草做发带，
可以用一年蓬、木防己和葛藤做发带。
"嘻嘻，即使夏天的阳光再炎热，只要戴
上青草做的发带，就会感到阵阵凉爽。"

戴上了青草
发带，感觉很
凉爽。

我们是野人。

茎秆柔韧的植物

荞草　　一年蓬　木防己　　葛藤　　　铁线莲

荞草发带

把荞草的茎秆绕几下，
缠成圆环，两端系上。

木防己发带

把木防己缠成圆环，系上。

葛藤发带

把葛藤做成圆环，在孔隙处
插上树叶当点缀。

沙浴

再堆点,再堆点,多堆点沙子,
把沙子压得严严实实的,别让他们挣脱出来,
用力拍打,把沙子夯实,不能让他们站起来。
看看谁能第一个从沙堆里面挣脱出来?

沙堆里好烫呀。

哎哟,
一动也动不了啦。

筑沙城

宽敞的沙滩是个有趣的游乐场。
把沙子堆在一起,
把杯子和小桶当成模具,做出模型。
用在沙滩上拾来的贝壳、石头和树枝,
把城堡装饰得漂漂亮亮。
宽敞的沙滩是我们的城堡,漂亮的城堡!

我们在做莲花池。

我要给鬼怪
盖一座房子。

撞拐

"咚咚咚……咚咚咚……单腿着地蹦呀蹦。"

"咚咚咚……单纯地蹦一蹦也挺有意思的。"

"撞过去,加油!加油!加油!"

"哇,敏捷的小鸡朝我撞过来啦!"

①在地上画一个大圈。

②进入圈内,用两只手抓住抬起的一只脚。

沙球游戏

把浸湿的沙子团成圆球,用力攥紧。

砰……沙球落地的时候像球一样骨碌碌地滚了起来。

③攻击对方。攻击的时候,用抬起的那条腿的膝盖搭在对方膝盖上,尽力往下压。

谁的沙球落地后不破碎,谁就赢了。

符合下列情况,本轮淘汰。

· 抬起的腿被放下了,或者人摔倒了。

· 跑到游戏场地之外。

· 如果用手推或者抓住对方。

嘻嘻,我只要逃跑就行了。

几个人一起玩的时候,可以指定一个人来逐个攻击。
可以两人一组攻击,还可以分组对决。

45

寻宝

大海边波涛滚滚,海浪滔滔,藏着数不尽的宝贝。
有贝壳、小石头、树皮和果实,
水鸟的羽毛和海草都是随着波涛涌上岸边的宝贝。
漫步在海边的时候,来寻宝吧!

玻璃、陶瓷碎片

小石头

形形色色的螺和贝壳

泥蚶

有菌铁玉螺

栉孔扇贝

菱角

日本扁柏果实

玉铃花果实

橡子

托氏昌螺

鸟爪拟帽贝

疣荔枝螺

润泽角口螺

马尾藻

帽贝

脉红螺

海草

树皮

刺松藻

"有很多塑料瓶、塑料袋和垃圾。"

随着海浪涌上岸的有贝壳、小石头和玻璃碎片,亮晶晶的,像宝石一样漂亮。

打孔的贝壳

等边浅蛤

中华马珂蛤

花蛤蜊

牡蛎

贝壳项链

把贝壳、牡蛎和田螺钻个小孔，用线穿过小孔，把它们穿起来，贝壳项链就做好了。

只要把已经钻过小孔的贝壳用线穿起来就可以了。

海鸥的羽毛

①用刀把羽毛秆斜着剪断。

②如图，在斜口处剪一个5毫米长的口子。

③蘸墨水或水彩画颜料画画。

羽毛笔

树皮船

在树皮上插一根羽毛，做一艘小船。把小船放入莲花池里，让船漂起来。

在海边岩石处钓螃蟹

在海岩地下隐约可见藏着的螃蟹，
"是螃蟹，是螃蟹，听说螃蟹喜欢肥猪肉。"
拿肥猪肉当诱饵，在岩石边钓螃蟹吧。

①在木棍或铁丝上拴一块肥猪肉。
②把诱饵放在螃蟹藏身的岩石边，耐心等待。
③如果螃蟹爬出来咬食诱饵，就悄悄地抓住它，放
　在桶里。

50 厘米长的木棍

50 厘米长的铁丝

海葵
就是一杆水枪！

海葵缩水了。

海葵水枪

纵条矶海葵长得很神奇，
当海葵把触角收回去的时候，
用手快速地捅一下它，
海葵就会像水枪一样喷出水来。

海边岩石探险

很多海边生物附着在岩石上生存。
田螺、藤壶和狗爪螺附着在岩石上，
贝类和螃蟹藏在岩石缝里。
退潮后，看看水坑里有什么？

从海边岩石区域
抓回来的田螺，
可以煮了吃。

疣荔枝螺和
润泽角口螺
要做成麻辣
口味的。

到海边岩石区域玩耍，
一定要穿运动鞋。

在海边岩石区域的水坑里投放鱼篓

海边岩石区域的水坑里会有什么呢？
放个鱼篓，等等看吧。
"嘿嘿，好想知道啊！"

能抓到什么呢？

塑料瓶鱼篓

①找一个塑料瓶，把瓶口部分剪掉，然后在瓶盖上打个孔。
②瓶里装入石头和鱼饵，如图，把剪下来的瓶口部分反着插入瓶身内。

塑料箱鱼篓

在塑料箱的盖子上打个四方形的孔，把石头和鱼饵放入箱内。

在海边岩石区域可以见到的海洋生物

斑点相手蟹

日本鲟

肉球近方蟹

展开触角的时候

收起触角的时候

短滨螺

寄居蟹

纵条矶海葵

珠螺

单齿螺

藤壶

疣荔枝螺

海蟑螂

在菜园子和花圃里玩耍

地瓜、土豆、黄瓜和芋头，

在菜园子里恣意生长。

走吧，走吧，去菜园子里玩吧。

把蔬菜当成陀螺，当成图章，

把芋头的叶子做成帽子，

戴上地瓜做的项链，

在菜园子里兴致勃勃地玩耍。

一串红、紫茉莉和桃花，

在花圃里怒放。

来吧，来吧，到花圃去玩吧。

吃花蜜，把花当作颜料染色，

做个鲜花发带，再做个鲜花发卡，

五彩斑斓的花圃太美了。

走吧，去菜园子里玩耍，去花圃里玩耍！

芋头叶帽子

戴上芋头叶帽子，
就变成了绿色的妖怪！

①把芋头秆一侧的皮剥下来，然后朝相反的方向折断芋头秆。

②如图，保持芋头秆和皮连接在一起，分别朝反方向折断。

③一直折到芋头叶底部。

④把叶子顶在头上，芋头秆从两侧绕到下巴颏底下，系上。

芋头叶面具

"哇，妖怪呀！"
妖怪见了这芋头叶面具都会害怕的，
快跑哇！

即使光线再强烈，
也会很凉爽！

下暴雨，也不
用担心嘞！

①把芋头秆从中间劈开。

②在眼睛和鼻子的位置剪出小孔。

芋头叶子滚水珠

水珠是圆滚滚、滴溜溜的，
"哇，水珠不会粘在芋头叶上啊。"

把叶子沿着主叶脉叠放在一起，
往叶子上面倒水，然后像炒菜一样来回滚
动水珠。

把芋头秆绕到脑后
系上，也可以在前面
系上。

③戴上芋头叶面具，把芋头秆绕到脑后，系上。

嘻嘻，真好玩！

蔬菜图章

用洋葱、青椒、黄瓜、
莲藕和辣椒做个图章，
这么盖一下，
那么盖一下，
盖出形形色色的图案，
蔬菜图章，真的很好玩！

用蔬菜做出各种形态的图章

把蔬菜切开，调一调
水彩颜料，用笔蘸些
颜料涂抹在蔬菜截
面上，盖章。

在蔬菜截面
上涂抹印台
墨水，然后盖
章。

印台

芋秆

南瓜花柄

豆薯花柄

青椒

洋葱

蝴蝶

黄瓜

莲藕

辣椒

花1（南瓜花柄、洋葱、芋秆）

太阳（洋葱、
芋头秆）

花2（青椒、洋葱）

大葱哨子

把葱叶从根部剪断，吹气，
嘟……嘟……
大葱哨子就做好了，
呼……呼……呼……

嘟……嘟……

52

盖章

在地瓜、土豆、南瓜把儿上刻上画或者字，
然后当作图章，盖盖看吧。

胡萝卜

南瓜

土豆

制作图章

用刻刀刻上自己喜欢的图
案，要按照正常看见的图
案的反面来刻，可以先把
正确的图案画在纸上。

像拿铅笔一样拿着刻
刀，手握的地方尽量
靠近刻刀头，轻轻地、
小心翼翼地刻下去。

哎呀，弄坏了！　　　没关系，把那部分
切下去，重新刻吧。

我要刻上
我的名字。

蔬菜陀螺

在地瓜、土豆、黄瓜、萝卜或胡萝卜的
横截面上插上牙签或者木头筷子，
转起来了，蔬菜陀螺转起来啦！
把美味的蔬菜当作陀螺转起来玩，非常酷！
用无法食用、准备扔掉的蔬菜的两个尖头做成陀螺，
牙签要插在蔬菜的正中间，陀螺才会转得更稳。

土豆陀螺！
地瓜陀螺！

哪种陀螺转
得更好呢？

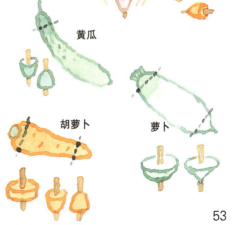

地瓜　　　牙签

木头筷子

土豆

黄瓜

西瓜皮

胡萝卜

萝卜

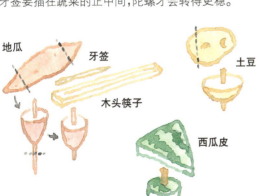

地瓜叶项链

做一条心形的地瓜叶项链,在叶子上面写上名字,就是姓名挂牌了。

写上名字,做个姓名挂牌吧。

①摘一片地瓜叶,如图,朝对称的两个方向一段一段地折断,保持叶柄和皮连在一起,折到叶子底部的时候,把两端扣在一起。

②用签字笔或修正液在叶子上画画,或者写字。

③把叶柄从两侧绕在颈后,挂在脖子上。把两端叶柄扣在一起即可。

鲜花降落伞

把大波斯菊和金鸡菊的花叶,一片一片地摘下来,随手抛向空中,观察一下。

大波斯菊

金鸡菊

品尝一串红花蜜

花蜜最多的花是一串红,每片修长的花瓣里都装满了花蜜。使劲吸一吸,好甜啊,真甜!

抓住花瓣,使劲拽。

用嘴吸住花瓣的底部。

一串红

54

凤仙花染色

把花叶和花瓣捣碎，
然后把花泥轻轻地涂抹在指甲上，
上色啦！上色啦！

叶子

白矾

食盐

花瓣

酢浆草

①摘些凤仙花花叶和花瓣，
加入白矾或食盐，也可以
放酢浆草。

②把捣碎的花泥涂在
指甲上，完全盖住
指甲。

③用宽大的树叶儿或塑料
包住指甲，系上线绳。半
天之后，再解开线绳。

凤仙花

如果没有上色，可
以再染一次。

十根手指指甲都染色了，
什么都干不了了。

我得睡觉了。

凤仙花种子炸弹

砰……凤仙花荚砰的一声炸开了！
凤仙花的花荚成熟后，
只要轻轻碰一下就会炸开。

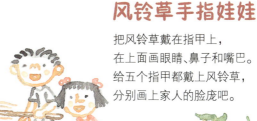

把凤尾花的花荚轻轻地握在手里，和别人
握手的时候，它会砰的一声在手里炸开！

风铃草手指娃娃

把风铃草戴在指甲上，
在上面画眼睛、鼻子和嘴巴。
给五个指甲都戴上风铃草，
分别画上家人的脸庞吧。

风铃草

紫茉莉游戏

色彩绚丽的紫茉莉，漂亮的紫茉莉。
紫茉莉有很多种玩法，
赶快放飞紫茉莉试试吧。

紫茉莉降落伞

抓住花萼轻轻地拉一下，
拉长花柱后，
把花朵抛向空中。

花萼

花柱

用紫茉莉花朵接住子房

接住了!

嗖……

子房

①不碰子房，只摘除花萼。

②轻轻地拉出子房，把花柱尽量拉长。

③抓住花朵摇晃，然后使子房落入花朵中。

紫茉莉项链

我有紫茉莉发带。

我的既能当发带，也能当项链。

①在针上穿线，线的另一端拴一段树枝。

②摘除花萼和子房，如图用线把花朵穿在一起。

③把花朵穿成一长串后，除去针和树枝，把线的两端系在一起。

56

紫茉莉耳环

我漂亮吗？

①抓住花萼拉一下，把花柱拉长。再找一朵，按照同样的方法操作。

②把花萼别在耳朵眼里。

用紫茉莉种子粉化妆

①把种子弄破，然后把里面白色的东西倒出来，制成粉末。

②用白车轴草的花当作粉扑，蘸点白色粉末，抹在小朋友的脸上。

鲜花发带

编一编，把马唐和狼尾草分别编一编。
戴一戴，把大波斯菊和金鸡菊都戴在头上。

马唐　　狼尾草

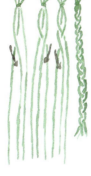

我的是大波斯菊发带！

我的是金鸡菊发带！

①找来长长的、带穗的马唐和狼尾草秆。

②除去穗，三根一组，在顶端系牢。

③像编发辫一样，把草秆编起来，一直编到底端。

④把草绳的两端系在一起，在草绳的空隙里插上鲜花。

大波斯菊发卡

戴在头上，就是漂亮的鲜花发带，
别在纽扣眼里，就是鲜花纽扣，
别在兜口，就成了鲜花装饰品。

松叶

把花穿在松叶上。　　鲜花发卡就做好了！

我把花戴在头上。

我把花别在纽扣眼里。

我把花别在口袋上。

人见人爱的，
时刻充满乐趣的树林

树林是我们的游乐场，

树林也是动物们的家。

青鼠！啄木鸟！

快出来呀！

和我们一起捉迷藏吧，

来和我们一起玩抓人游戏吧。

郁郁葱葱的树叶，

能把我们藏得严严实实。

我们用胳膊挂在树干上，

像知了猴一样，发出吱吱吱的叫声。

在宽大的树洞里，

东北黑熊呼噜呼噜地打着鼾。

1、2……
49、
50，
我要睁
开眼睛
了。

捉迷藏

①找一棵大树。

②捉家面朝家，开始数数，数到40或者50。其他人利用这段时间，赶紧藏起来。

③捉家数完数后，开始找人。找到谁，就一边喊出他的名字，一边拍打大树。被找到的人就淘汰了。

④如果藏着的人趁捉家不注意，跑到家里，一边大喊"盖章了"，一边拍打大树，这个小朋友在本轮游戏中就"活"了下来，可以参加下一轮游戏。

⑤如果捉家实在找不到人，可以高喊"找不到了，黄莺"，本轮游戏结束。没有被找到的小朋友在本轮游戏中就"活"了下来，可以参加下一轮游戏。

⑥被找到的小朋友们，用"剪刀石头布"决定下一轮由谁来当捉家。游戏重新开始。

"知了猴"抓人游戏

①指定捉家,捉家数到10,开始抓人。如果快被抓到了,就像知
　了猴一样贴在树上。
②捉家不可以抓贴在树上的小朋友。
③如果想抓住贴在树上的人,需要一边高喊"知了",一边在地上
　写"知了"两个字。贴在树上的人可以趁这个
　机会逃跑。
④如果没有跑掉,或者在逃跑的过程中被捉家
　碰到,就成为下一个捉家。

不要拿木棍打人,
会受伤的。

快跑呀!

知了!

贴在小树上也
可以吗?

五个小朋友中选出一个捉家,
如果玩的人太多,可以多选几个捉家。
捉家手里拿着一根木棍,方便别人辨识,
捉家可以用木棍在地上写"知了"
两个字。换人的时候,木棍也要像
接力棒一样交接,完成交接后,赶紧
跑开。

吊在树上

把身体完全挂在树上,
发出吱吱吱的叫声,像知
了猴一样。
"我也要像知了猴
一样,紧紧地贴在
树上。"
"呜呜……屁股太沉了,
撑不住呀!"

59

兔子和猎人

树丛是守护兔子最坚实的篱笆,
篱笆主动为兔子开门,却不为猎人开门。

①用"剪刀石头布"选出兔子和猎人各一名。
②其他人手牵手围成一圈,扮演树丛。
③游戏开始的时候,兔子进入树丛内,猎人站在树丛外。
④猎人为了抓兔子东奔西跑,篱笆可以随时为兔子
　打开门,却不给猎人开门。
⑤猎人可以硬闯篱笆,如果兔子被抓,游戏结束。
⑥再次选出兔子和猎人后,游戏重新开始。

猎人

兔子

寻宝

小朋友们分成两组,
确定两个可以藏宝的区域。
"剪刀石头布",
赢的一方先挑选藏宝区域,
这次藏的宝贝是水煮鹌鹑蛋。
一轮游戏结束后,双方交换藏宝区域,
游戏重新开始。

嘻嘻,我
在树洞里
找到了。

原来是和小石
头缠在一起啦。

呵呵,我找
到了鸟蛋!

搭窝棚

窝棚 ①

①找到一棵有两个分叉的树，在分叉处架一根长长的木头。

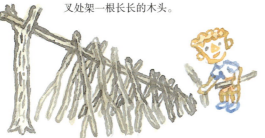

②在木头两侧，密密实实地搭上一些树枝。

③在树枝外面苫一些草，窝棚就搭好了。

窝棚 ②

①准备两根粗壮的木头，一端绑紧。

②另一端的底部分开，立在地上。再找来一根长长的木头，如图，架在大树分叉处和木头绑紧的分叉处。

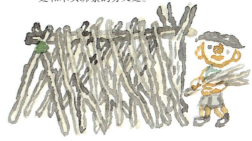

③在木头两侧，密密实实地搭上一些树枝，然后在树枝外面苫一些草，窝棚就搭好了。

窝棚 ③

①找来三根长长的木头，用绳子或葛藤绑在一起。

②再沿着与木头平行的方向，分别加固绑绳。

③把三根木头竖起来，底部分开，稳定住。

④再找来一些木头插在三根木头间隙处，保证底部成圆形。在木头的中间部位，用绳子依次绑一绑，将其固定住。

⑤在木头外面搭上一些树枝，然后在树枝外面盖一些草，窝棚就搭好了。

61

过独木桥

在树林里随处可见倒下的原木，用它来玩什么呢？
来走原木独木桥吧！
提心吊胆地找着平衡，一直走到头，
要是把几根原木连在一起，会更好玩。
来看看，到底谁能一直走到头？

在摇摆中找平衡

咚咚咚……小朋友们站在原木上，用力跺脚。
原木在晃动，小朋友们也在摇摆。
看一看，谁能坚持到最后才掉下来？

爬树 1

30 至 40 厘米

脚蹬在坚韧的树皮上，或者在脚上绑一根粗绳子，脚底用力往上爬。爬上去后，在所到达的高度做个标记。

①抱紧树干。

②脚底用力，一点一点地往上爬。

③抓住树干分叉处，胳膊用力，往上爬。

爬树 2

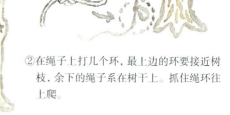

牢牢地拴住。

①在绳子的一端拴一块石头，把带石头的一端朝上甩，让绳子搭在树枝上。

②在绳子上打几个环，最上边的环要接近树枝，余下的绳子系在树干上。抓住绳环往上爬。

超级大的鸟窝

做一个大家都可以进去的鸟窝，
这是个只属于我们的秘密场所。
多找些木头、粗树枝和小树枝，
做一个超级大的鸟窝。

小心！
小心！

制作秋千

3米　　　15厘米

毛巾　　　两根粗绳　　　两根粗木棍

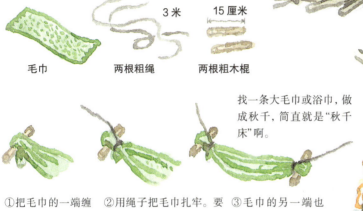

找一条大毛巾或浴巾，做
成秋千，简直就是"秋千
床"啊。

①把毛巾的一端缠
　绕在木棍上。

②用绳子把毛巾扎牢。要
　像爬树②（上一页）中那
　样给绳子打结。

③毛巾的另一端也
　缠绕在木棍上，用
　绳子扎紧。

④在绳子与树枝接合处垫纸
　或者布条，秋千会荡得更
　加流畅。

制作单绳秋千

如爬树②中所示，把绳子上所有的环都解开，在绳子的中间拴
一根木棍，站在上面荡起来，就成了单绳秋千。多余的绳子不
要剪掉，因为如果其他小朋友在后面拽绳子的话，会更好玩。

我要玩单
绳秋千。

想玩秋千
的小朋友
排好队。

下一个就
轮到我了。

如果找不到树干
分叉的树，在两棵
离得比较近的树
上拴绳，也可以做
秋千。

白桦

有趣而
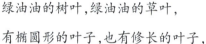
实用的叶子

绿油油的树叶,绿油油的草叶,
有椭圆形的叶子,也有修长的叶子,
有尖尖的叶子,也有锋利的叶子,
有长毛的叶子,也有长斑点的叶子,
还有散发气味儿的叶子,
叶子的形态五花八门。
小虫子们喜欢叶子,我们也喜欢叶子。
叶子能净化空气,还能让我们纳凉,
真是有趣而实用的叶子。

华榛

爬山虎

木槿

野蔷薇

木通

枸橘

铁线莲

胡枝子

南蛇藤

连翘

日本紫珠

小赤麻

牛叠肚

茅莓

山茱萸

**散发气味
的树叶**

散发香味的
海州常山

散发生姜气味
的三桠乌药

散发柠檬气
味的花椒

洋槐

64

找叶子

叶子有修长挺拔的,有弯弯曲曲的,还
有圆滚滚的。
多找一些不同形态的树叶和草叶
放在一起,用"剪刀石头布",
赢的人挑选出一片叶子,
"大家分头去找这种叶子吧。"
小伙伴们赶紧飞奔出去,
谁最先找到同样的叶子,谁就赢了。
获胜的人接下来挑选一种不同的叶子。

明明是我先
看到的。

是榛子树
树叶。

用树叶玩"丢手绢"游戏

在树林的绿荫底下玩"丢手绢"游戏,
用大而柔韧的槲树叶子代替手绢,更加有趣。
如果没有槲树叶子,就用面积最大的叶子代替,
把树叶团成一团,悄悄地藏起来的人就是捉家。
快转圈跑起来吧!

悄悄地放在小朋
友的身后。

若小朋友伸手往
身后摸的时候,
手碰不到树叶,
即为犯规。

野兔呀,
野兔呀, ♪
你要去哪里呀?

藏的时候可
不能被发现,
再转一圈吧。

①捉家在奔跑的过程中,把树叶悄悄地丢在其中
　一个小朋友身后,再跑一圈。
②其他小朋友一边唱歌,一边可以伸手确认树叶
　是不是被丢在了自己的身后。
③如果摸到树叶,要赶紧站起来去追捉家,追到
　后要拍打一下捉家。如果没有拍到,捉家反而
　坐在了自己原来的位置上,他就成了下一个提
　家,游戏从第①环节,重新开始。

谁输了,
就罚他唱一首歌!

④如果捉家在坐下之前被赶来的小朋友
　拍到,则捉家输。若小朋友不知道树
　叶就放在自己身后,捉家转了一圈回
　来后,拍了他,那么这个小朋友就输
　了。输的人就要接受惩罚。
⑤受到惩罚的小朋友成为捉家,游戏从
　第①环节,重新开始。

被找到了,
要接受惩罚。

用蒙古栎树叶做姓名挂牌

蒙古栎的树叶很有柔韧性，轻易不会破损，挑选一片最小的树叶，做个姓名挂牌吧。

栎树的六个兄弟

柞栎栎　匙叶槲栎　蒙古栎　栎树　栓皮栎　橡树

盐肤木　盐肤木

①用签字笔或万能笔写下名字，再修饰一下。

②在蒙古栎树叶的叶脉两侧分别挖个小孔。

盐肤木

③用松针穿线，穿过预留的两个小孔，然后把线的两端系上。

用蒙古栎树叶做立体项链

盐肤木

这个挂牌做得很像，我们像是一家人。

①用签字笔或颜料在树叶上画画。

②把▲朝着●折叠，如图，使两条虚线重叠。

③把树叶后面凸起的部分朝右侧折叠，弄平整，在折叠部分的边缘处插一根纤细的枝条，使折叠处与树叶连在一起。

④把树叶穿在一根长线上，做个姓名挂牌。

蒙古栎树叶瓢

把蒙古栎的树叶像做立体项链一样折叠，为了让树叶的正面兜起来，要翻过来折叠一下，然后用纤细的枝条，把折叠处的边缘固定住。

接点泉水喝吧。　哇，好冰爽啊！

蒙古栎树叶饭碗

①把树叶在虚线处剪开。

②如图，使树叶的两侧交叉在一起，用纤细的枝条缝合。

③摘些樱桃和牛叠肚，盛在树叶饭碗里。

蒙古栎树叶鞋垫

蒙古栎的树叶很神奇，长得像我们的脚底板一样。找一片和我们的脚大小适中的蒙古栎树叶，垫在鞋里，走两步看看吧。

好神奇的蒙古栎树叶。

脚底感觉很凉爽。

叶子哨子

嘟嘟嘟……嘀嘀嘀……噗噗噗……
"只有一片叶子,也可以做个哨子。
好神奇呀,太神奇啦!"
把叶子夹在两个拇指之间,用嘴吹气。
也可以把叶子贴在嘴唇上吹吹看,
多吹两下试试看吧。
"哇,叶子真的成了哨子!"

冬青树叶哨子

嘴对着这个位置,
轻轻地吹气。

如图,把冬青的叶子轻轻折一折,连着卷四次。

展开叶子,就变成
图示中的样子。

箬竹叶哨子

嘴对着这个位置,轻轻地吹气。

把箬竹叶子分成三等份,剪掉其
中一份。

如图,沿着虚线轻轻折叠,并卷
起,连着卷四次。

用拇指夹住树叶吹哨子

边缘较直的叶子
更适合做哨子。

双手合十,把叶子夹
在两个拇指之间。

嘴对着这个位
置,用力吹气。

把叶子贴在嘴唇上吹哨子

把叶子展开,
紧紧地贴在嘴唇上,用力吹气。

既柔软又光滑的叶子适合
做成哨子。

叶子炸弹

老叶子比较柔韧，不会轻易破碎，
要挑选新长出来的叶子做这个游戏。
摘一些洋槐树叶，或者樱花树树叶，
或者其他柔软的叶子，
砰砰……嘣嘣……
快来玩一玩叶子炸弹吧。

容易爆裂的叶子

樱花树　罗摩　龙葵　胭脂草　樱花树

海州常山

洋槐　野大豆　凹头苋　日本牛膝

美洲商陆

①如图，用拇指和食
　指圈成一个孔。

②把叶子放在
　上面。

③把叶子轻轻地往孔里
　推一推。

④张开另一只手，用力朝小孔的
　位置拍下去。

砰……

呜呜呜……叶子没
裂，手却很疼。

松叶"拔老将"比赛

松叶虽然看起来都一样，
叶片却有一根、两根、三根和五根之分。
"哇，赤松和红松也有差别。"
来吧，开始吧，快勾上！
来一场松叶"拔老将"比赛吧。
快使劲呀，快拉呀！嗨哟……嗨哟……
加油啊！

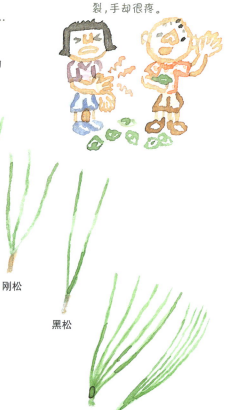

赤松　刚松

黑松

红松

北美乔松

把松叶交叉着勾在一起使
劲拉，谁的叶子断了，谁就
输了。

啊，我的松
叶断了！

树叶发卡

樱花树树叶

①如图,把树叶沿虚线处剪开,打一个孔。

②把叶柄往上提,然后插入孔中。

③用修正液画两只眼睛,或者贴上两只眼睛。

小孔

④如图,再打两个小孔,插入松树叶或草秆,别在头发上。

紫丁香树叶

①如图,把树叶沿虚线处剪开,打一个孔。

②把叶柄往上提,然后插入孔中。

③用修正液画两只眼睛,或者贴上两只眼睛。

杜仲树叶游戏

无论怎么撕扯,杜仲树的叶子都不会断裂,树叶里面的纤维会像线一样连在一起。把树叶轻轻地撕成各种样式吧。

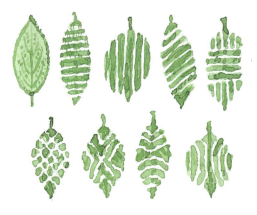

再用其他品种的树叶试试吧,我要做个最漂亮的树叶发卡。

把杜仲树叶撕成各种样式,夹在书里阴干。树叶变成了深蓝色,更漂亮啦!

即使被撕碎,树叶还是连在一起,好神奇啊!

流汁的叶子

苦荬菜和罗藦的叶子里有白色的汁液，
白屈菜的叶子里有黄色的汁液。
啊，好苦！苦荬菜的叶子是苦的！
白屈菜和罗藦的汁液有毒，**绝对不能吃。**

苦荬菜　　　罗藦　　　　白屈菜

用白屈菜染指甲

把白屈菜的黄色汁液，
轻轻地涂抹在指甲上。
"指甲变颜色了，好漂亮。"

抢夺罗藦的汁液

使又浓又白的罗藦汁液
互相接触，
"我粘得多，我赢了！"

使白色汁液
轻轻地接触
在一起，然
后分开。

哇，我把你的汁液
抢过来了！

抽出车前草筋的游戏

①用指甲在叶子的根部划出
　痕迹。

②抓住两端拽一拽，叶柄断开
　后，会出现五根筋。

③把整片叶子固定在厚一点的纸
　上，晒干之后，筋是有弹性的。

抽出更长的车前草筋

在保证五根筋都不断的前提下，抽出更长的筋。
比一比，看谁抽出来的筋最长？

真像吉他弦。

筋不能断。

五根。

美味的树叶

想尝一尝叶子的味道吗? 会是什么味道呢?
酢浆草和扛板归的叶子散发着香气,
酸溜溜的味道,吃过还想吃,叶子真好吃啊!

比饼干还好吃!我要带一些给妈妈。

酢浆草

扛板归

寻找白车轴草中的四叶草

白车轴草的叶子一般有三瓣叶片,
也有四叶、五叶,甚至七叶的。
其中,四叶草的花语是带来幸福。
不要找常见的三叶草,
我们来找找四叶草吧。

四叶白车轴草喜欢扎堆生长,
在已经找到过四叶白车轴草的周围
找找看吧。这种草还喜欢生长在人
们踩过的地方,而且根部在地底下
蜿蜒相连。

七叶

三叶

四叶

两叶

五叶

作者说,他见过七叶的白车轴草,如果你找到了八叶的,一定要联系他哦。

白车轴草有很多品种

奇妙的捉虫子游戏

金绿宽盾蝽

横纹莱蝽
伊锥同蝽

豆蜂缘蝽幼虫

豆蜂缘蝽

虫子啊，虫子啊，你在哪里？

恰恰恰……唰唰唰……我们是捉虫队队长！

五彩斑斓的可爱瓢虫，

嗖嗖嗖……自由飞翔的蜻蜓，

咣当咣当……不停地磕头的磕头虫，

唰唰唰……有洁癖的丽金龟，

嚓嚓嚓……如大力士般的天牛，

有趣的捉虫游戏，神奇的捉虫游戏。

小虫子们，再见，再见！

我们下次再见！

马大头

白尾灰蜻

秋赤蜻

艳大步甲

黑带食蚜蝇

花虻

红光熊蜂

黄胸木蜂

木棉梳角叩甲

双簇污天牛

天牛

红灰蝶

蜂鸟鹰蛾

栎长颈卷叶象

东方丽金龟

琉璃蛱蝶

找虫子

不同种类的虫子生活的区域也不同。
一年蓬地里会有哪种小虫子?
石头底下会藏着什么虫子?
腐烂的木头里会生长着什么样的虫子呢?

即使静静地
等着,虫子也
会飞起来。

哇!有好多虫子。

石头底下,简
直是蚂蚁的
地狱!

找找石头底
下吧。

是双簇污
天牛!

这里有只磕
头虫。

丽金龟扫院子

把丽金龟倒扣着放在地上,
它会不停地拍打着身后的翅膀,试图翻过身来,
扑啦……扑啦……引起一阵阵风,
滴溜溜地转着转着,突然就会翻转过来。

快扫吧,快扫
吧,把院子打
扫干净!

来客人啦!
赶快打扫院
子吧!

东方丽金龟

丽金龟

磕头虫"舂米"

把磕头虫翻过来放在地上,啪的一声,
它会突然弹起,然后来个倒栽葱。
咣当咣当……头磕着磕着,身体又会翻过去。

咔嚓……嘚
嚓……这是
磕头虫的声
音!

嘚嚓……

咔嚓……

红翅叩甲

鞘翅目叩甲

普通卷甲虫游戏

滴溜溜的卷甲虫,会滚动的卷甲虫啊,你在哪里呢?
在草地里、落叶堆里、烂木头里或者石头底下翻翻看吧。

普通卷甲虫
不是昆虫哦。

在石头底下
找到啦!

73

捕捉虫子

捕捉蝴蝶和蜜蜂,适合用什么办法?
那捉丽金龟和栗卷象虫呢?
用瓶子来捉,或者设置陷阱来捉?
还是摇动树枝来捉呢?
虫子的种类繁多,捉虫子的办法也各不相同。
"虫子啊虫子,可别藏得太严实啊!"

瓶子捕虫法 1

要用瓶子捕捉从花丛里飞出来的蝴蝶、蜜蜂和花虻。

①找来一个广口的瓶子,一手拿瓶,一手拿瓶盖,两只手慢慢地靠近。
②把昆虫收入瓶中。
③仔细观察之后,再拧开瓶盖,把昆虫放飞。

"摇树枝"捕虫法

把雨伞或包袱皮儿做成的捕虫工具展开,放在树底下。然后找根木棍,敲打树枝,虫子掉下来后就会被捉住。

没有花纹的包袱皮儿

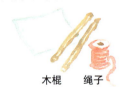

木棍　　绳子

瓶子捕虫法 2

如果想抓住叶甲虫、米象虫和丽金龟,
要想办法让它们掉下来,
找一个瓶子,在虫子落地之前接住它。

虫子自己掉进瓶子里了。

把瓶子放在叶子下面就行。

南瓜花也会捉虫子

如果蜜蜂飞入南瓜花里,
南瓜花的花瓣会悄悄地包起来。嗡……嗡……
南瓜花里就会传出嗡……嗡……的声音,
"看来蜜蜂飞进南瓜花里了,要把它解救出来呀。"

①找来和包袱皮儿对角线长短相当的两根木棍,如图,把木棍交叉成十字花样式,绑起来。

②把包袱皮儿的四个角固定在木棍上。

有栗卷象虫、蝽象、叶甲虫……在虫子飞走之前,要赶紧把它们装在桶里。

我要用雨伞接住虫子。

陷阱捕虫法

甲壳虫、斑步甲虫、埋葬虫和隐翅虫都在夜间出来活动，要设陷阱捉住它们。

如果不罩上隔板，就会有蛆虫。虫子和食饵混在一起，会一团糟的。

制作陷阱

①找个塑料瓶或牛奶盒子，如图，在瓶口处剪断。

②把瓶子立在一块硬纸板上，如图画线，围着线条再画一圈3至4毫米长短的锯齿。

③剪下来后，把锯齿竖起来，再在纸板中间打孔，隔板就做好了。

④瓶底放入鱼头或猪肉作食饵，然后罩上隔板。

设置陷阱

在草地或树林等土壤潮湿的地方设置陷阱。

①把瓶子埋入地下，使瓶身的高度和坑的深度一致。

②可以在瓶子上面放一块平滑的石头，用来挡雨。

在设置陷阱的地方做个标记。

快把陷阱拿出来看看。

已经过去两天了，会捕到很多小虫子吧？

虽然艳大步甲和斑步甲不会飞，但埋葬虫和隐翅虫是可以飞的，所以要赶紧把它们装在采集桶里。

屎壳郎

艳大步甲

埋葬虫类

隐翅虫类

斑步甲类

用捕虫网捉小虫

挥动着捕虫网捕捉飞行中的蜻蜓、知了猴和蝴蝶。
用白菜网兜来做一个捕虫网吧。

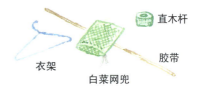

直木杆

衣架

胶带

白菜网兜

①把衣架拉直，如图，小挂钩处不用动。

②就着衣架弧度，把衣架沿网兜口细线穿过的地方穿进去，使衣架套在网兜口上。

③把网兜展开，把网兜口弄成圆形。

④用胶带把网兜口的衣架、细线和直木杆缠在一起，固定住。

用衣架和白菜网兜做的捕虫网非常结实。

嘻嘻，我要捉一只马大头。

捕蝴蝶和蜻蜓

蜻蜓的视力很好，要绕到它的后面捕捉。捕的时候，要从蝴蝶头部位置下手。

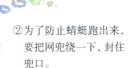

①蜻蜓落在枝头上的时候，要绕到蜻蜓身后，用捕虫网从旁边兜过去。

②为了防止蜻蜓跑出来，要把网兜绕一下，封住兜口。

徒手捉蜻蜓

一圈一圈，用手指在蜻蜓眼前不断地画圈圈。然后慢慢靠近蜻蜓，用手抓住它的翅膀。

捕捉落在地上的蝴蝶时，一只手抓住网兜的底部，一只手拿木杆，向下扣住蝴蝶。

捕捉落在草地上的昆虫时，要像捞东西一样，把捕虫网自下而上捞起。

一圈一圈……
晕了吧！

慢慢地靠近蜻蜓，抓住它。

钓马大头和白尾灰蜻

抓一只雌蜻蜓,在它的肚子上绑一根细线,
用手抓住线的另一端,把蜻蜓放飞,
会吸引很多想和它交配的雄蜻蜓飞过来。
也可以换成一只雄蜻蜓试一试看。
马大头雄虫的一至三块腹节是湛蓝色的,而雌虫
是草绿色的,把南瓜叶子捣碎涂抹在雄虫的腹部,
然后绑上线放飞它,
雄虫就会误以为它只是雌虫而聚拢过来。

白尾灰蜻

白尾灰蜻雄虫的一至六块腹节是灰色
的,而雌虫是黄色的。把南瓜花的花粉
涂抹在雄虫腹部,然后拴上线把它放
飞,雄虫就会误以为它是一只雌虫而聚
拢过来。

放飞蜻蜓

用手抓住蜻蜓的翅膀,保持一段时间
后,再松手,蜻蜓就飞不起来了。
把蜻蜓放在衣服上挂一会,
休息片刻,它又能飞了。

把它放在衣服
上挂一会,等
等看吧。

蜻蜓拍打着断
翅,飞走了。

它不能马上
就飞起来。

钓蚁狮

在山坡上、石头底下和公园的长椅下仔细翻找,
一定会找到蚂蚁地狱。
蚂蚁地狱就是蚁狮(蚁蛉的幼虫)的窝!

这里是蚂
蚁地狱。

来钓一钓蚁狮吧。

①抓一只蚂蚁,拴一根线。

②把拴线的蚂蚁放在蚂蚁地
狱位置最高的地方。

④把蚁狮放在手掌里
仔细观察,然后再放
回蚂蚁地狱。

③当蚁狮享受蚂蚁大餐
的时候,提起线。

瓢虫玩跷跷板

瓢虫喜欢向上爬行，
做个跷跷板，让瓢虫坐上去玩耍吧。

瓢虫自己就能
玩跷跷板。

为什么瓢
虫只会向
上爬呢？

①如图，把草秆剪断。

②在其中一根草秆
上挖一个槽，然
后把另一根草秆
插入槽内。

③如图，把两根有Y形枝
丫的树枝插在地上，然
后把第②环节做好的草
秆跷跷板架在上面。

④抓一只瓢虫，放在
跷跷板底端。

观察瓢虫的花纹

色彩斑斓的瓢虫种类繁多，
来找找颜色和花纹各不相同
的瓢虫吧。

瓢虫会向
上爬行。

跷跷板非常平
稳，不会倾斜。

跷跷板向另一个
方向倾斜。

瓢虫掉头往回
爬。

寻宝游戏之
"找寻栎长颈卷叶象的卵壳"

树林里有很多卷曲的叶子，
把叶子展开看一看，里面有栎长颈卷叶象的卵壳。
比一比，看谁能找到更多的栎长颈卷叶象的卵壳？

瓢虫的样子各不相同，
到底会有多少不一样
的瓢虫呢？

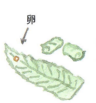

卵

树底下
有很多。

栎长颈卷叶象
正在做卵壳。

孵化栎长颈卷叶象

在瓶子底部铺一张浸湿的卫生纸，
放入几颗卵壳，
偶尔淋一些水，保持卫生纸处于湿润状态，三周
过后，栎长颈卷叶象的成虫就孵化出来了。

不用给它喂东西吃，它
是最好养的虫子。

在盖子上打孔。

浸湿的卫生纸。

天牛力士

天牛号称天下大力士。
找来一些大大小小的小石头，
看看天牛能把石头拖多远。
多抓几只比一比，看谁的力气最大？

柳天牛

白点星天牛

蜻蜓力士

蜻蜓的腿都是朝前倾斜的，
所以蜻蜓不会走路。
但它们是空中大力士！
找来一些大大小小的小石头，
看看蜻蜓能把它搬多远。

这只天牛是天下
大力士！

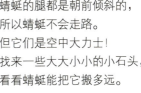

我的蜻蜓
力气更大。

哎呀，石头掉了！

幼虫游戏 ①

在林间腐烂落叶覆盖的土里捉一只花金龟幼虫，
再捉一只住在树枝上的屈伸虫。

花金龟幼虫

盈潢尺蛾

捉一只花金龟幼虫放
在地面上，它会趴在地
上，靠背部蠕动爬行。

屈伸虫（尺蛾幼虫）像
测量长度一样，身体一
曲一伸，蠕动爬行。

模样长得形形色
色，爬行的样子也
是五花八门。

幼虫游戏 ②

触碰一下柑橘凤蝶幼虫，
它头上就会突然伸出犄角，
这是为了震慑敌人，躲避危险。

柑橘凤蝶幼虫

金凤蝶幼虫

幼虫的头上
伸出犄角了。

始终受欢迎的水和
欢乐的玩水游戏

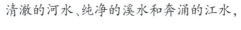

清澈的河水、纯净的溪水和奔涌的江水，

汩汩地，潺潺地，哗啦啦地流淌着。

漂亮的鱼儿们在水中轻轻摇摆，

我们也跳入水中快乐地嬉戏。

用兜网捕到了鱼，抿嘴笑着，

和小朋友打水仗，咯咯咯地笑闹着，

水如此招人喜爱，我们大家都喜欢玩水。

在水里追逐高丽亚罗鱼和尖头鲦鱼，

眨眼间，一天就过去了，

和小朋友们在一起，各种花式玩水，

不知不觉间，夏天也走远了。

打水仗

"嘻嘻,打水仗真好玩!"
小朋友们分成两组,间隔几步远,面对面站定。
哗哗哗……尽情地玩耍吧,
可以用手泼水,也可以用脚撩水。
"我喝到水了。"
"嗝……水好冰啊!"
"让你们感受一下消防车的力量,怎么样,
厉害吧?"
"阿嚏……我鼻子里呛水了。"

谁往后躲,
谁就输了。

水上传球游戏

咚……砰……嘣……嗵……
"呵呵,想在水里跳起来,总感觉自己要摔倒了。"
"这里,这里,你要把球传给咱们组的人,
怎么能把球传给他们呢!"
扑通扑通……哗啦哗啦……
在水里打球虽然累,却很快乐。

快接住!   快接住!

接球的时候,如果
人从石头上掉下
来,就不能得分。

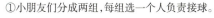

①小朋友们分成两组,每组选一个人负责接球。
②挑选两块大石头,之间要有一定距离,负责接球
　的两个人分别站在石头上。
③在两块石头正中间的位置,把球抛向空中,游戏
　开始。小朋友接到球后,绕开对方的队员,不断
　地把球传向自己的队员,最后把球抛给自己组负
　责接球的那个人,如果球被接住了,就得一分。
④先拿到赛前规定最高分值的那一组获胜。

如果抓住对方,
硬把球抢过来,
即为犯规。

玩水枪

水枪游戏既凉爽又刺激,小朋友们分成两组,
开始游戏吧,中间间隔一段距离,两组小朋友
分别列队,面对面站好。
超级好玩的水枪游戏开始啦!
"我不会手下留情的!"
噗噗噗……吱吱吱……
噗噗噗……吱吱吱……
"哎哟,耳朵里进水了。"
"加油啊! 可以把脑袋当成挡箭牌!"

制作竹子水枪

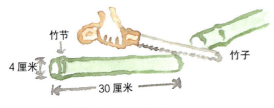

竹节

4 厘米

30 厘米

竹子

①砍一段竹子,一端留有竹节。

②在竹节处的横截面上打个孔。

木棍

35 厘米

③找一段木棍,缠上布条。在木棍上划出划痕,
防止布条滑动脱落。

④把缠布条的一端浸湿,插入竹筒中。
布条要缠得适中,使木棍既能在竹筒
内滑动,又能阻隔空气。

⑤把布条用绳子固定在木棍上。

把竹筒有孔的
一端放入水
中,向后拉木
棍,把水吸入
竹筒内。

向前推动木棍,
竹筒内的水就会
从竹节的小孔中
射出,形成水柱。

排出灌进耳朵里的水

找一块被太阳烤热的小石头放在耳朵上,
一只脚不停地在地上跺脚。
"哦,进到耳朵里的水流出来了,流出来啦。"

水晶球咚咚……琉
璃球儿咚咚……
(民间歌谣)

♪♬

塑料瓶水枪

哪怕只有一个塑料瓶,也可以做水枪,
吱吱吱……塑料瓶水枪很给力!
只有一个塑料瓶,还可以做瀑布,
哗啦啦……塑料瓶瀑布来袭!

①用锥子在塑料瓶盖中间打个孔。

②瓶内装水,盖上瓶盖。
③用力捏瓶身,水就会从小孔内喷射而出。

用锥子在塑料瓶底部打很多个小孔,瓶内装水后,塑料瓶瀑布就大功告成啦!

哗啦啦……是瀑布!

啊呀……好爽啊!

水中憋气游戏

咕噜咕噜……鼻子里不断地冒出水泡,
"哎哟,在水里憋气的时候感觉自己要死掉了,快死了!"
"呵呵呵,我数到100,你们再出来。"
比一比,看谁在水里憋气的时间最长?

再憋一会儿!加油!

扮海女游戏

像海女奶奶一样,到海里去寻宝吧。
找不到海参,可以找修长的石头,
找不到鲍鱼,可以找圆圆的石头,
找不到海螺,也可以用凹凸不平的石头代替。
"哇,石头也是宝贝呀,是宝物!"
"我要找藏在海里的星星!"

围棋子(小鹅卵石)。

颜色各异、形态独特的石头。

用油性笔涂鸦的石头。

我找到五个,我是海女!

我找到三个!

唉,我只找到一个。

83

用牛奶盒做筷子

坐在牛奶盒做成的筷子上，把牛奶盒做成的蹼戴在手上，当作船桨，我就成了船夫！
呜呜呜……当汽笛声响起时，我就要出海啦！

①准备 20 个牛奶盒，如图，用订书机把顶端订一下，用胶带把口封住，防止进水。

②一些牛奶盒的口朝着一个方向并排放好，用胶带捆住。总共做两捆。

③把两排牛奶盒的底部相对，用胶带缠在一起，做成一个筷子。

牛奶盒蹼

①找两个牛奶盒，把牛奶盒的上端和底部全部剪掉，只留下盒身。

②把盒身压扁，一端用胶带封紧，在侧面开一个长的口子，方便手指伸进伸出。

③两个蹼所开口子的位置要对称，一个在左侧，一个在右侧。

用泡沫塑料做筷子

①准备几个泡沫箱，盖上盖子后，用胶带封紧，防止进水。

②用胶带把泡沫箱盖缠在一起。

③再用胶带把几个泡沫箱紧紧地缠在一起。

小朋友站在泡沫箱做成的筷子上，筷子不停地摇晃。比一比，看谁能掌握平衡，在筷子上站立的时间更久？

坐在泡沫箱做成的筷子上，沿着溪流的方向划船。"虽然有点危险，但还真找到了坐船的感觉。"

很危险，不要往深水处划。

箬竹帆船

①如图，在虚线处把叶子向内折起，叶柄要留长一点。

②沿着虚线，把叶子撕开适当的口子。

③把撕开的部分交叉着插在一起，另一端如法炮制，使叶柄竖起来。

④在叶柄上固定一片树叶，箬竹帆船就做好了。

松树皮帆船

①用锥子在赤松树皮上打个孔。

②如图，在孔内插一根树枝。

③把一片树叶固定在树枝上，当作帆。

如果把松树皮修剪出船的形状，就更像样了。

叠纸船

①如图，把纸沿中间虚线向内对折。

②沿虚线把两个角向内折叠，使角的一边与中线对齐。

③如图，把虚线下面的纸，沿着虚线向内折叠，反面也按同样的办法处理。

④撑开中间的空腔，沿另一条对角线按压平整。

⑤如图，前后两面都沿着虚线向上折叠。

⑥撑开中间，沿另一条对角线按压平整。

⑦如图，分别向两侧拉开上面的两个角。

⑧稍微整理一下，小船就做好了。

牛奶盒帆船

比一比，看哪条船的速度更快？

①用尺子量一量，沿着尺子把牛奶盒分割成两半。

②如图，在两条牛奶盒边线的中间位置分别切一个1.5厘米深的口子。

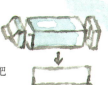

③把牛奶盒的上下两端剪掉，再把盒身切成两半，留着用作船帆。

④把纸盒插入切口，就成了船帆，牛奶盒帆船就做好了。

用塑料瓶鱼篓捕鱼

①把塑料瓶的瓶口剪掉。

②用锥子在塑料瓶底部打两个孔。

③瓶内放入饼干、米饭或大酱之类的食物,当作鱼饵。

④把剪掉的瓶口倒着插入塑料瓶瓶身内。

⑤把瓶子放入水中时,要倾斜着,慢慢放入,完全排除瓶体内的空气,否则瓶子会浮起来。

⑥找一些石头压在瓶子上,最好把瓶子放在地势凹陷、水势缓慢的地方。

嘻嘻,抓到一条傻乎乎的尖头鲹。

塑料箱鱼篓

在塑料箱的盖子上,打个四方形的孔,把石头和鱼饵放入箱内。

用草捆子捕鱼

①割一些在河边生长的草,扎成捆儿。

看看捉了多少鱼。

②在草捆子上绑一块石头,一起放入水中。

③把草捆子放在包袱皮儿上,抬起包袱皮儿,抖掉草捆子里的水,然后扒开草捆子看一看吧。

用捕鱼筒捕鱼

面鱼饵

捕鱼筒的口

固定捕鱼筒的签子

①少放一点水,把面鱼饵和一下。

②把面鱼饵粘在一块扁平的石头上,把石头放在捕鱼筒入口处。

水流

③筑堤,使水流速度放缓。

④把粘有面鱼饵的石头竖在捕鱼筒入口处,保证石头不倒。

⑤用石头钉紧并压住固定捕鱼筒的签子。

白铁皮捕鱼筒

水流

①在大酱或面鱼饵里混入芝麻油渣,做成鱼饵。把鱼饵放入白铁皮桶。

②在白铁皮桶上蒙一块塑料布,用线绑好。在塑料布上划开一个口子,使鱼可以游进去。

③把白铁皮桶埋入水下,用石头压住。

筑堤捕鱼

"在水流较快的地方垒一个堤坝。"
垒堤坝后,水的流速就会变慢,
可以在这里玩耍,也可以在这里放一个
捕鱼筒。
"我觉得垒堤坝就很好玩。"

水流

用网兜抓鱼

用手或脚丫翻动石头，把鱼朝着网兜的方向赶。

水流

在水流的下游方位拉一个网兜，几个小朋友在上游分散站立，往网兜内赶鱼。

水流

在石头附近拉一个网兜，然后搬动石头。如果石头太大，可以找一根木棍做杠杆撬动石头。

啊，鱼被网兜兜住啦！

在河边拉一个网兜，然后用脚踩河边的小草，把小鱼往网兜里赶。

观察小鱼

"鱼的背部和地面的颜色差不多，从上面看，根本分不清是鱼，还是地面。"
"那你看看鱼的侧面吧，每条鱼的纹路都不一样。"

颜色也不一样。

啊，纹路好漂亮。

可以在水中观察小鱼的"水下眼镜"

透明的塑料水槽。

塑料桶。

①把塑料桶的底部剪掉。

②把透明的塑料布蒙在切口上，用橡皮筋把塑料布固定住。

水波荡漾，能看到水里的鱼。

哇，能看清水里的一切！

在山谷里生长的鱼类

尖头鲹

朝鲜鮰

在江河中上游生长的鱼类

韩国黑腹鱼

高丽亚罗鱼

铜罗鱼

韩国棘泥鳅

长吻鱼

朝鲜少鳞鳜

鸭绿小鳔鮈

高丽亚罗鱼生长在水流湍急的急流浅滩处，朝鲜少鳞鳜生长在水势相对缓慢的水流里，一般躲在石头底下。

不同种类的鱼生长的水域也不同。

在江河中游生长的鱼类

雄鱼

雌鱼

鱲

重唇鱼

雌鱼

鳑鲏

雄鱼

雌鱼

朝鲜鳑鲏

雄鱼

鲫鱼

镰柄鱼

在水田和低洼地里生长的鱼类

鲇鱼

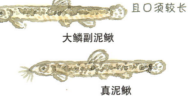

大鳞副泥鳅

真泥鳅

大鳞副泥鳅比真泥鳅扁，而且口须较长

89

令人忐忑的夏夜

在炎热的夏季，
大家都在等待夜幕的降临。
夏季的夜晚很凉爽，适合玩耍，
在夜里出来玩，虽然有点战战兢兢，
但反而更好玩了。漆黑的夜里，
总感觉有什么东西会突然间跳出来，
哼，小事一桩！
和小朋友们在一起玩，一点都不会
感到害怕。把自己的影子藏在大大的
树影里，就可以在黑暗中完美地躲藏起来。
你想在让人忐忑的夏夜里一起玩耍吗？

踩影子

①划定活动场地范围，用"剪刀石头布"选出一个
提家。

②提家连喊三次"木槿花开了"，其他小朋友趁机跑
开。

③提家踩到谁的影子，谁就成了下一个提家。如果
不想被提家踩到自己的影子，可以躲到房屋、树
木或其他物体的影子里。

"渔夫"捉人游戏

捉家们手牵着手来捉人，
哎哟，不管怎么跑都会成为瓮中之鳖。

捉家

①首先，划定游戏场地范围，用"剪刀石头布"选出两个捉家。
②捉家连喊两次"木槿花开了"，两个捉家手牵手，开始追赶其他小朋友。
③被捉家抓到的人也成了捉家，要和捉家牵着手去抓其他人。
　当捉家人数超过四个人后，可以分成两组。
④小朋友们都被捉到后，游戏结束。

布阵游戏

①选一棵树或游戏工具作阵地。
②用"剪刀石头布"选出捉家。一般三至四个人对应一个捉家。
③捉家喊五遍"木槿花开了"，然后开始抓人。
④被捉住的小朋友要进入阵地，不能离开。如果人多，可以彼此牵手拉开长队呼救。看守阵地的捉家要搞破坏，以防被捉住的小朋友们手拉着手。
⑤没有被捉到的小朋友要躲开捉家的视线，跑过去救那些被捉住的人。如果能冲断被捉小朋友们牵手的队列，同时喊一声"当"，那么被冲断的小朋友"复活"。如果直接冲入阵地，同时喊一声"当"，那么被捉住的小朋友全部"复活"！
⑥小朋友们都被捉住后，游戏结束。

阵地。

负责抓人的捉家。

负责看守阵地的捉家。

聚在灯火周围的昆虫

夏天的夜里,有很多像蚊子一样令人讨厌的昆虫,但也有很多招人喜欢的昆虫。观察一下亮着的路灯或牌匾,周围会有很多昆虫扑啦扑啦地飞着。

看来昆虫都喜欢灯光,在月色昏暗的无风夜晚,昆虫会更多。招人喜爱的昆虫们,你们好啊!

寒蝉

雷鸣蝉

油蝉

黑尾大叶蝉

地牯牛

如果摇晃灯火周围的树枝,原来待在树上的昆虫就会朝着灯火飞去。

长裂华绿螽

黑门娇异蝽

叶色草蛉

地上也有很多昆虫,走路要小心点,别踩到它们。

浩蝽

黄扁头蟋

盾牌虫

瓢虫

东方丽金龟

小黑葬甲

斑步甲类

木抽梳角叩甲

长角天牛

钩线青尺蛾

光盾绿天牛

黄杨木蛾

李尺蛾

鸱裳夜蛾

在林间小路上遇到的昆虫

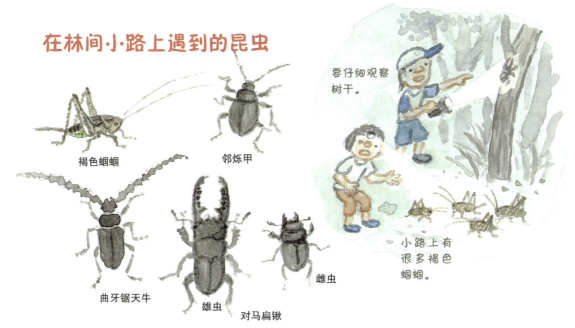

褐色蝈蝈

邻烁甲

要仔细观察树干。

曲牙锯天牛

雄虫

对马扁锹

雌虫

小路上有很多褐色蝈蝈。

沉睡的植物

到了晚上,有的叶子或花瓣会蔫下来,进入休眠状态。

叶子向前伸展。

叶子向后耷拉。

☀ 白天

🌙 夜晚

合欢

夜间开的花。

紫穗槐

白车轴草

月见草(夜来香)

酢浆草

花瓣向下弯曲。

花瓣上扬。

茼蒿

大波斯菊

一年蓬

93

观察夏季夜空的星座

月光柔和、天气晴朗的夜晚，
最适合观察星座。
"去后山看星星，还是去楼顶天台看？
或者，去学校运动场看呢？"
要想认识夏季的星座，首先需要找到导航星，
我们瞪大双眼来找一找吧。
"啊，在那里！织女星，牵牛星，
还有天津四，它是天鹅座里最亮的星！"
这三颗星都是一等星，都非常明亮，
这三颗星连起来就成一个大大的三角形。
把这个大三角视为导航星，来认识一些其他星座吧！
"不太看得清啊。"
"等15分钟后再看，即使周围漆黑一片，也能看清的。"
我们的双眼一眨一眨地仰望着漆黑的夜空。
在夏季夜晚里，天上有星星在闪耀，
地上我们的双眼忽闪忽闪。
夏季的夜晚浩渺悠远。

银河

Deneb（天津四、
天鹅座 α 星）

夏季大三角

天鹅座

织女星
（Vega）

天琴座

夏季大三角

牛郎星
（Altair、河鼓二）

天鹰座

蛇夫座

山羊座

猎户座

看星星的时
候，最好躺下
来看。

东

南

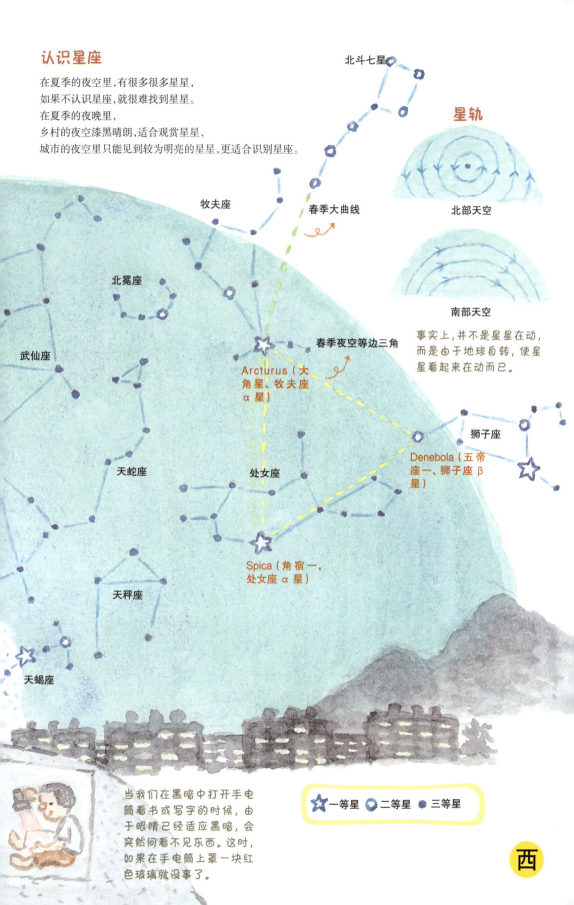

认识星座

在夏季的夜空里，有很多很多星星，
如果不认识星座，就很难找到星星。
在夏季的夜晚里，
乡村的夜空漆黑晴朗，适合观赏星星，
城市的夜空里只能见到较为明亮的星星，更适合识别星座。

北斗七星

星轨

北部天空

南部天空

牧夫座

春季大曲线

北冕座

春季夜空等边三角

事实上，并不是星星在动，
而是由于地球自转，使星
星看起来在动而已。

武仙座

Arcturus（大
角星、牧夫座
α星）

狮子座

天蛇座

处女座

Denebola（五帝
座一、狮子座 β
星）

天秤座

Spica（角宿一，
处女座 α 星）

天蝎座

当我们在黑暗中打开手电
筒看书或写字的时候，由
于眼睛已经适应黑暗，会
突然间看不见东西。这时，
如果在手电筒上罩一块红
色玻璃就没事了。

⭐一等星　◇二等星　•三等星

西

趣味十足的秋季游乐场

中秋之夜，皓月当空

中秋节是气氛祥和的节日，

咯吱咯吱……吃栗子，

咔嚓咔嚓……吃大枣，

还有美味的松糕，

玩吧，玩吧，尽情地玩吧！

在温馨的中秋之夜，

美丽的月亮升起来了。

月亮身着洁白的苎麻布衣，

款款地升上夜空。

走吧，走吧，去赏月吧！

大家在一起，赶快去许愿，

去赏月！

哇，是玉兔在捣药。

嗯，我的愿望是……

嗯，我看着像是妈妈熊和宝宝熊。

中秋赏月

月亮,像一个大圆盘。
小伙伴们,快来快来,一起去赏月吧。
去看看在月亮里忙着舂米的玉兔,
面向中秋的月亮,许个愿吧。

寻找满月里隐藏的图案

小伙伴们,满月里隐藏的纹路看起来像什么?
是兔子、毛驴、螃蟹、狮子,还是女人的脸?
满月里藏着数不尽的图案!

舂米的兔子	毛驴	读书的女人	螃蟹
蛤蟆	鳄鱼	女人的脸	站立的狮子

东大门游戏

"东东,东大门,快开门!"一边唱着歌,
一边进入大门,
在大门关闭之前,赶紧走过去。
歌声结束了,小朋友就会立即放下
胳膊,门随即关闭。
"哎呀呀,我被卡在门里了。"
"该你当捉家了!"
被关在门内的人就成了下一个捉家。

①两个人一组,通过"剪刀石头布"决出胜负。输的人从后
面抓住赢家的后腰。
②赢家之间再通过"剪刀石头布"游戏环节决出胜负,输的
一组站在赢家一组的后面,抓住前面人的后腰。以此类
推,继续游戏,直到所有人站成一列。
③站在队伍最后面的两个人成为捉家,两人面对面站立。
如图,把手抓在一起搭拱门。

♪东东,东大门,快
开门!南南,南大
门,快开门!到了
12点,就关门。

被卡住了!和捉
家换位置吧!

99

踏瓦（过人桥）

站到上面的人一边唱着"踏瓦"之歌，
一边慢慢地过人桥。
上面的人唱前半句，
底下的人接着唱后半句。

♪ （前半句）	（后半句）
你是哪里的瓦？	我是张子谷的瓦。
花了几个铜板？	给了三个铜板。
你是哪里的瓦？	我是全罗道的瓦。
花了几个铜板？	给了十个铜板。
你是哪里的瓦？	我是庆尚道的瓦。
花了几个铜板？	给了二十个铜板。

①小朋友们依次站成一排，然后向前弯下身体，使身体成九十度角。用双手抓住前面小
　朋友的腰，把头靠在前面小朋友臀部的左侧，人桥就搭成了。
②在排在队伍最后面的三个人中选出一个人在上面走，另外两个人站在队
　伍两侧，抓住上面人的手陪着他（她）往前走，防止他（她）摔下来。
③上面的人走到最前面，完成游戏环节后，和扶着他走过来的两个人
　依次排在队伍前面，像其他人一样弯下身体充当瓦片。
④排在队伍后面的三个人从第②环节，重新开始游戏。

最后一个弓着腰的人要蹲下，压低身体
来充当台阶，方便后面的人站上来。

踏瓦比赛

①小朋友们分成两组，每组人数一样。
②每组选出三个人，一人在上面走，两人在旁边扶着他（她）。
③听到"开始"后，一边唱歌一边开始游戏。上面的人走到尽头后，
　马上跳下来，弯下身体，充当瓦片。另外两个人赶紧跑回队伍后
　面，扶着最后面的人继续过桥。
④所有人都过桥的小组，获胜。如果走在上面的人掉了下来，或唱
　错了歌词，或者没有接上歌词，那么这一组输掉比赛。

拆松针比赛

把香气浓郁的松针蒸一蒸,就成了美味的松糕。
多找来一些松针,既可以蒸松糕,也可以玩拆松针游戏。

①把两根松针的松叶拆成一根一根的松针。
②握住一把松针,然后抛出,使松针散落在地。
③小朋友们决定游戏顺序后,一根一根地拆除
　堆在一起的松针,拆掉的松针归自己所有,
　如果拆的时候碰到其他松针,那这根松针
　就不能被拿走,下一个小朋友接着拆松针。
　如果拆的时候没有碰到其他松针,就可以
　继续游戏。
④直到所有的松针都被拿走,游戏结束。获得
　松针数量最多的人获胜。

屏住呼吸,
轻轻地拆!

啊!旁边的松针
动了!

车前草毽子

路边有很多车前草,
咔嚓咔嚓,多摘一些车前草的叶子做个毽
子吧。
啪啪……啪啪……看看好不好踢?
呼啦……呼啦……看看能不能飞起来?

车前草毽
子很好踢。

如果毽子干了,
放在水里泡一
泡,还能踢。

①摘取 15 至 20 片又大又柔
　韧的车前草叶子。

叶柄　　　　　筋(纤维)

②如图,把叶柄弄断,留下里面
　的筋,其余扔掉。

③把连着筋的叶子分成两摞,整
　齐地摆好。

④把两摞叶子用筋缠在一起,多
　缠几圈,缠得结实一点。

⑤抓住中间缠筋的
　部位,把叶子弄
　散。

车前草毽子
做好了!

投芦苇标枪

找来芦苇或紫芒
秆,除去叶子和穗
子,做成标枪。

投得更远!

101

"抢葛藤大绳"

嗖嗖……嗖嗖……葛藤大绳转起来了，
快越过去，快跳，不要被绊住。
大绳画了一个大大的圆圈，
因此，"抢葛藤大绳"游戏又叫作"月亮游戏！"

①把长长的葛藤一端缠绕几下，做成一个锤子。
②捉家负责抢大绳，使大绳尽量贴着地面转圈。
③捉家一边抢大绳，一边喊着"越过去呀"，其他小朋友进入
　大绳抢起的大圆里，为了防止被绳子绊住，要跳起来。
④被绊住的小朋友就成了下一个提家，交换位置，游戏
　继续。

锤

越过去呀！

"跳大绳"

"绳子嗖嗖嗖地转着，不敢进去呀！"
"随着'小家伙，小家伙'的歌声跳进去就可以了。"
向后转，跺脚，喊"万岁"，然后就可以跑出来了。
不要害怕，试试看吧。真的很好玩！

①选出两个人负责摇大绳。
②其他人站成一列，准备跳进去。
③绳子转起来后，要一个人一个人地
　跳进去，不要被绳子缠住。
④一边跳一边随着"小家伙，小家
　伙"的歌声做动作，然后再跳出来。

小家伙，小家伙，向后转。
♪ 小家伙，小家伙，跺脚。
小家伙，小家伙，喊"万岁"。
小家伙，小家伙，走好。

"跳大绳"比赛

小朋友们分成两组，来玩跳大绳比赛吧。
"所有人都呼啦啦地跑进去，还不能
被绊住，能成功吗？"
"唉，我们组跳了 7 个，然后就被绊住
了。"
"我们赢了！我们跳了 20 个！"

1, 2, 3……

葛藤拔河比赛

找来一根弯曲又很长的葛藤,秋天的葛藤很有韧性。
"用它来玩拔河比赛,也不会断裂。"
除去葛藤的叶子和叶柄,做成一根长长的绳子,
来一场葛藤拔河比赛吧。

喊"加油"的同时,用力拉。

加油!

小朋友们分成两组,中间画一条线,在绳子的中间部位系上其他绳子做标记。指定游戏时间,游戏开始后,喊"加油,加油"用力拽绳子。哪一组先把绳子上所系的标记拉到自己这一边,就赢得了比赛。

葛藤套圈

把葛藤盘成圆圆的圆环,
呼呼呼……玩套圈游戏!
唰唰唰……"满月"套在了木棍上!
"嘻嘻,我摘到了三个满月!"

看谁套住的圆环最多?

在地上插一根木棍,扔出圆环,套住木棍。

制作葛藤圆环 ①

①把葛藤弄成圆圈,用一只手抓住。

②如图,用另一只手把葛藤盘在圆圈上。

③多盘几圈,把葛藤的末端插入缝隙里。

制作葛藤圆环 ②

用葛藤皮绑住。

葛藤皮

把葛藤盘成圆圈,剪断两端,剪的时候多留一段,把两端叠放在一起,然后用葛藤皮缠绕固定。

臀部摔跤

在地上画一个直径两步的圆圈，两个人背对背站好，臀部用力，把对方拱到圈外。

一击制胜。

被推到圈外，或者坐在地上的人就输了。

推掌游戏

两人间隔一步远，面对面站立，双脚分开，与肩同宽。

双手抬至胸前，掌心向外张开，用手掌击打对方的手掌。

轻轻地推。

啊，输了。

嗨!

脚挪动位置，或手掌碰到对方身体的人就输了。

石大腿

两人面对面坐下，双方屈腿，一方把双腿伸入对方双腿内侧，双方膝盖部位挨在一起。用力时双脚必须着地，使另一方的膝盖倒向外侧就赢了。

掰手腕

两人面对面坐下，如图，把胳膊肘挂在桌面上，握住对方的手。另一只手张开放在对方胳膊肘旁边。

听到"开始"后，双方用力把对方的小臂掰向掌心的反方向。

胳膊肘不可以离开桌面或挪动位置。

谁先把对方的小臂掰倒，谁就获胜。

小猪摔跤

①两人背靠背蹲下。

②把两只胳膊夹在大腿和小腿中间，左手抓住右脚脖子，右手抓住左脚脖子。如果这样太难，也可以左手抓住左脚脖子，右手抓住右脚脖子。

哎哟哟，我倒了!

③双脚同时跳起，用臀部把对方撞倒。游戏过程中不可以抬起臀部、单脚走动，或者松开抓住脚脖的手。

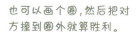

也可以画个圈，然后把对方撞到圈外就算胜利。

104

螃蟹摔跤

小朋友肚皮朝上，双手朝后拄地，抬起臀部。往旁边移动，用肩膀或屁股把对方顶倒。

由于是侧身过招，模样像是一只螃蟹。

如果摔倒了，或者屁股着地就输了。

单腿站立摔跤

两人面对面站立，向后抬起一条腿，一只手在身后抓住脚脖子。
听到"开始"后，单腿向前蹦，靠近对方，然后用另外一只手推对方。

不能攻击面部哦。

如果摔倒了，或者没有抓牢向后抬起的腿就输了。

撞肩游戏

双手背在身后，抬起一条腿，单腿向前蹦着靠近对方。用肩膀撞击对方，若使对方双脚着地或摔倒就获胜。游戏过程中不能换脚，背在身后的双手也不能松开。

只能用肩部撞击对方。

拴绳摔跤

①准备一根4米长的绳子，如果没有绳子可以用葛藤代替。

②两人间隔三四步，面对面站立，双脚分开，与肩同宽。把绳子的两端分别缠在小朋友的腰间，用手抓住绳子的末端。缠绳子时，两人要朝着不同的方向缠绕。

加油！　加油！

③听到"开始"后，一边靠着手上和腰部的力量拉绳子，一边攻击对方。

哎哟！　输了！

如果脚挪动位置，或者松开绳子就输了。

推手游戏

两人面对面站立，双方右脚的外侧抵在一起，互相抓住右手。如果是左脚的外侧抵在一起，就互相抓住左手。听到"开始"后，握在一起的手部用力，向前推或向后拉，使对方摔倒。

加油！

如果脚挪动位置，或者用另外一只手帮忙，就算输了。

105

你们好，
秋季的
虫儿们！

唦唦唦……吱吱吱……

斑腿双针蟋雄虫
（7—8毫米）

在秋高气爽的季节里，

草儿们长得同我们一般高。

稍等，听，是什么声音？

瞿瞿瞿……吱吱吱……

草丛中传出来美妙的声音。

在白天能听到，夜里也能听到，

在草丛中可以听到，在家里也可以听到。

啊，原来是秋天的虫儿们！

是秋天的虫儿们在歌唱，

在举行秋季音乐会呢！

吱吱吱
吱吱吱

黄扁头蟋雄虫
（13毫米）

唧唧唧
吱吱吱

迷卡斗蟋雄虫
（15毫米）

黄脸油葫芦
的头部

复眼上方
有"∨"字纹

迷卡斗蟋
的头部

额头上方
有"∧"字纹

雌虫

唧唧唧
吱吱吱

雄虫
（17—24毫米）

黄脸油葫芦

产卵管

毕毕毕……毕毕毕

蝼蛄雄虫
（23—24毫米）

瞿瞿瞿……吱吱吱

不分昼夜，
酣畅淋漓地鸣叫。

草蟋蟀雄虫
（6—7毫米）

和黄扁头蟋长
得很像，但叫
声不同。

哳哳哳……哳哳哳

石首棺头蟋雄虫
（12毫米）

嘟嘟嘟……
嘟嘟嘟

在夜间持续
不断地，拉
着长音鸣叫

长瓣树蟋
（10—15毫米）

在白天高
声鸣叫。

唧唧唧
唧唧唧

暗褐蝈螽雄虫
（30—37毫米）

嘁嘁嘁……唧唧唧

邦内特姬螽雄虫
（16—25毫米）

吱吱吱
吱吱吱

乌苏里蝈螽雄虫
（28—38毫米）

唦唦唦
唦唦唦

中华草螽雄虫
（14—20毫米）

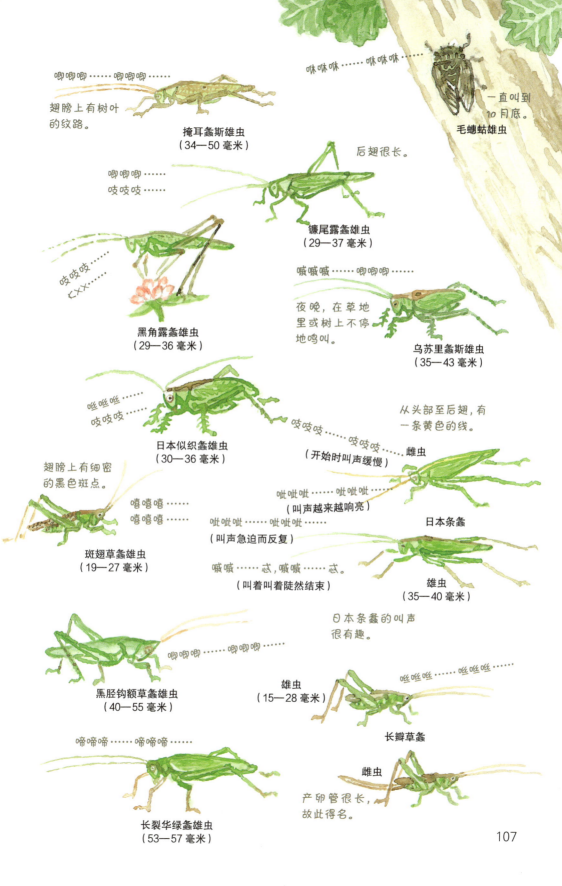

唧唧唧……唧唧唧……

翅膀上有树叶
的纹路。

掩耳螽斯雄虫
（34—50 毫米）

咻咻咻……咻咻咻……

一直叫到
10月底。

毛螳蛄雄虫

唧唧唧……
吱吱吱……

后翅很长。

镰尾露螽雄虫
（29—37 毫米）

吱吱吱……
ㄥ××

黑角露螽雄虫
（29—36 毫米）

嘁嘁嘁……唧唧唧……

夜晚，在草地
里或树上不停
地鸣叫。

乌苏里螽斯雄虫
（35—43 毫米）

唑唑唑……
吱吱吱……

日本似织螽雄虫
（30—36 毫米）

翅膀上有细密
的黑色斑点。

嘻嘻嘻……
嘻嘻嘻……

斑翅草螽雄虫
（19—27 毫米）

吱吱吱……吱吱吱……
（开始时叫声缓慢）

从头部至后翅，有
一条黄色的线。

雌虫

呲呲呲……呲呲呲
（叫声越来越响亮）

呲呲呲……呲呲呲
（叫声急迫而反复）

嘁嘁……忒，嘁嘁……忒。
（叫着叫着陡然结束）

日本条螽

雄虫
（35—40 毫米）

日本条螽的叫声
很有趣。

唧唧唧……唧唧唧……

黑胫钩额草螽雄虫
（40—55 毫米）

雄虫
（15—28 毫米）

唑唑唑……唑唑唑……

长瓣草螽

啼啼啼……啼啼啼……

雌虫

产卵管很长，
故此得名。

长裂华绿螽雄虫
（53—57 毫米）

聆听虫子的叫声

"嘘，那边传来虫子的叫声。"
轻轻地、慢吞吞地朝着叫声靠近，
"啊，叫声停止了。"
如果虫子停止鸣叫，不要动，在原地稍微等一会，
等到虫子再次鸣叫，再慢慢地走过去。

闭上眼睛，把手张开贴在耳朵后面，仔细听一听吧。

唧唧吱吱……是谁的叫声？

选出一个捉家，其他人围成一圈。
捉家来到圈的中间位置，坐在地上，
闭上眼睛。
一个人一边蹦蹦蹦跳跳地跑向捉家，
一边模仿蟋蟀的声音，
"唧唧吱……唧唧吱……"
捉家来猜到底是谁发出的声音？
猜到之后再换下一个人模仿虫子叫
声，游戏继续。

是谁呢？

唧唧吱吱……
唧唧吱吱……

不要只模仿一种虫子的叫声，也可以模仿其他虫子的叫声。听到什么就模仿什么，很好玩的。

蝉鸣哨子

声音会因所挖缺口的大小而不同。

①准备小塑料瓶。

②在瓶身处挖个缺口。③如图，打孔。

④把线穿入孔内，在瓶内的线绳一端拴一段小木棍。

⑤剪好眼睛和翅膀，
贴在瓶身上。

唏唏……
吱吱……

⑥拽住线绳呼呼地甩起来。

其他人要站远一点，防止被打到。

橡子碗做的哨子

哔哔哔……

蒙古栎橡子碗

碗越深，越容易发出声音。

①如图，橡子碗的内侧朝上，两根拇指插入碗内，抓住橡子碗，留出一部分碗边。

②两根拇指的关节像山一样隆起。

③嘴唇抵在隆起的拇指关节处，吹气。

纸做的哨子 ①

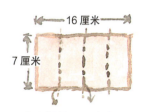

←—— 16 厘米 ——→

7 厘米

向内折纸。　向外折纸。

①如图所示，折纸。

②如图，在隆起部分的中间部位，剪个弧形的缺口。

边用手指调节缝隙的宽窄，边吹气。

③如图，用食指和中指夹住纸片，送到嘴边吹气。

哔哔……

像双带拟蛉蟋的叫声吧？

做几个大小不同的哨子。

纸做的哨子 ②

①把纸卷在铅笔上。

②用胶带粘牢后，抽出铅笔。

③在纸卷的一端横向剪开 3/4，使 1/4 保持连接，如图，做一个三角形的盖子。

呼……

④呼呼！从纸卷的另一端吹气，就会发出声音。

捉蟋蟀

如果想在白天找到蟋蟀，需要在草堆、落叶、腐烂的木头，或者石头底下翻翻看。

夜晚，顺着虫子鸣叫的声音寻去，很容易找到它们。四处走动的几乎都是雌虫，如果想找雄虫，需要扒开草丛，在地上仔细翻找。

我要徒手抓虫子。

把塑料瓶的瓶口剪掉，可以用瓶口扑击蟋蟀，也可以把蟋蟀赶进瓶身里来抓住它们。

用塑料瓶做陷阱捕虫

诱饵是葡萄皮。

把塑料瓶瓶口剪下来，然后把瓶口部位倒着插入瓶身。

蟋蟀无法在塑料表面爬行，需要在入口处撒些土。

喂养蟋蟀

蟋蟀会把卵产在土里，也会在土里打洞藏身。为了让蟋蟀生活得更舒适，至少要铺上5厘米厚的土。

放入石头或木头，为蟋蟀打造藏身之处。

雌虫是不会叫的，要放入雄虫才能听到叫声。

罩个网就可以啦。

产卵管　雌虫　雄虫

蟋蟀什么都爱吃，可以放入蔬菜、水果，或鱼。为了防止食物发霉，可以穿成串儿，也可以把食物放在瓶盖里。

即使只吃食物残渣，蟋蟀也可以长得很好。

白菜　茄子　黄瓜　鱼

如果在里面种草，蟋蟀会把草吃掉。

蟋蟀挖的洞。

捉暗褐蝈螽和日本似织螽

用肉眼确认后，再用捕虫网捉虫子，
暗褐蝈螽和日本似织螽是肉食性昆虫，会咬人，
所以不能空手去捉。
一手拿瓶盖，一手拿瓶子，
两只手慢慢靠近，把虫子赶到瓶子里。

蟋蟀、日本似织螽、长裂华绿螽和中华草螽之类的
虫子偶尔喜欢飞向灯光。

在桶内放入草，再把捉到的昆虫放进去。
暗褐蝈螽、日本似织螽和长裂华绿螽是
肉食性昆虫，要单独装。

喂养暗褐蝈螽和日本似织螽

用塑料瓶当花盆，里面栽种稻谷等粮食类植物，
比如马唐、狗尾草，或者稗草。
在桶上打孔，保持桶内空气流通，再放入食物。

把箱子竖起
来，就可以轻
松地把花盆
放进去了。

放入蔬菜
和水果就
可以啦。

放入蔬菜、水
果和鳀鱼

也可以抓几个
小虫子放进去。

它吃马唐的种子。

黑胫钩额草螽

小南瓜　　黄瓜　　鳀鱼

它吃长鬃蓼的花。

镰尾露螽

如果喂养习惯在地上产卵的昆虫，就要在桶内撒些土。
喂养暗褐蝈螽和日本似织螽之类肉食性昆虫，要单独装入瓶内。
在秋天结束之前，把喂养的昆虫在原来捉到它的地方放生。

111

落叶,
无比
美好的
落叶

在公园里捡到的枫叶。

桂花

桂花树的叶子散发着香甜的气味。

红枫

三花槭

树叶是个魔术师,

哗啦啦……哗啦啦……

可以变成黄色的、红色的和褐色的。

拾起风中摇曳而下的叶子,整齐地摆放在一起,

围成圆形,就成了落叶窝棚,

厚厚地堆在一起,就成了落叶被子,

唰啦啦……撒在半空,又会下起一场落叶雨,

落叶,如此美好!

银杏

鹅掌楸

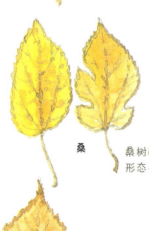

桑

桑树的叶子形态各异。

山楂

木槿

映山红

鬼箭羽

白桦

水杉

榉树

爬山虎

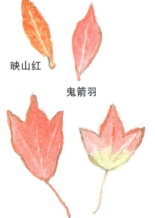

三角枫

112

银枫树

紫丁香

柿

白木莲

樱花

美国梧桐

"落叶接力" 游戏

收集一些不同种类的落叶,
在地上画一条线作为出发点,先放一片落叶,
然后决定小朋友参加游戏的顺序。
第一个人在已经放好的落叶旁边放一片相同
种类的树叶,然后再放一片不同种类的树叶。
以此类推,第二个人、第三个人分别按照这样
的方式继续放置树叶。

小朋友们分组,在
指定的时间内,比
比看哪一组放置
的树叶连线更长,
也会很有趣的。

最先放置
的落叶。

第一个人放
置的落叶。

第二个人放置
的落叶。

第三个人放置的落叶。

收集落叶

橙黄的落叶，火红的落叶，
花花绿绿的落叶，都是美丽的落叶。
抱一抱落叶，堆起来，再抱一抱落叶，也堆在上面，
"嘿嘿，我要堆一座落叶山峰。"

在树林里捡到的落叶。

橡树

蒙古栎

三桠乌药

胡枝子

菠葜

牛叠肚

木防己

日本紫珠

灯台树

水榆花楸

小米空木

紫花槭

茶条槭

盐肤木

落叶窝棚

用落叶搭一个大大的窝棚，
"在窝棚里横七竖八地坐在一起，
感觉真好，很好！"
"好想在这里生活。"

落叶被子

沙啦……沙啦……
落叶被子发出窸窸窣窣的声响，
"啊，落叶发出的声音像是一首催眠曲。"
落叶做成的被子，既舒适又温暖，
"哦，我困了。"

播撒落叶

哗啦啦……把落叶随意撒向半空，
"下雨啦！是落叶雨！"
淋着落叶雨，
小朋友们蹦蹦跳跳地玩耍，
很开心。

抓落叶

秋风习习，树叶轻轻飘落。
"哇，树叶摇曳着飘落下来。"
小朋友们东奔西跑，试图抓住飘落的叶子。
"我要在树叶落地之前抓住它。"
比一比，看谁抓到的叶子最多？

落叶拼图

美国梧桐和日本木莲的树叶很大，
适合裁成几块，玩拼图游戏。
第一阶段可以裁一片落叶，第二阶段可以同时裁两片，
第三阶段可以裁三片，随着落叶片数的增多，游戏难度升级。

一串串落叶门帘

挑选颜色漂亮的落叶穿在线上，
把落叶门帘挂在门前，
感觉秋天走入了家门。

把两片同一种类的落叶叠放在一起，裁出
相同的图案，比一比，看谁拼得最快？

把落叶串儿固定在木棍上，一直绑到木棍的尽头。

也可以把线绳捻开，然后把落叶插入缝隙。大家一起来完成，就很简单了。

第三阶段简直太难了，哼！

制作落叶纸牌

用相同的落叶做两张纸牌，选六种落叶，分别做成纸
牌。随着人数的增加，可以增加落叶的种类，比如八种
或者十种，分别做成纸牌。

①准备厚纸板，按照图示的尺寸剪裁，
然后把落叶贴在上面。

②用透明胶带把落叶纸牌整体缠起
来，防止破损。

③在纸牌的后面贴上漂亮的包装纸。

8厘米
11厘米

落叶纸牌连连看

①用"剪刀石头布"决定游戏顺序。

②把纸牌倒扣，摆放好，然后按照参加游戏
的顺序，同时翻开两张纸牌。如果纸牌
正面的落叶是相同的，纸牌就归自己所
有。如果是不同的落叶，就把纸牌倒扣，
放回原处。

③直到纸牌全部被小朋友赢走，游戏结束。
拥有纸牌数量最多的人获胜。

两张都是红枫叶！我猜对了。

在制定游戏规则
的时候，可以约
定，如果第一次
翻开的两张纸牌
是相同的，可以
再翻一次，这样
会更好玩。

寻找落叶 1

睁大眼睛观察地面上摆放的落叶，
听到"开始"后，打乱落叶的顺序，挑出种类相同的落叶。
比一比，看谁找到的叶子数量最多？
如果拿错了叶子，就要扣分。

我得6分。

哎，我只得了1分。

寻找落叶 2

看谁找到不同种类落叶的数量最多？
"额，这片有点像啊……"
虽然花花绿绿的叶子看起来很像，但还
是要快点找出来！
"算了，干脆多拿点吧。"
计算最终得分时，要排除所有种类相同
的叶子。

哇，好多呀！

寻找落叶 3

同一棵树上掉下来的落叶也不尽一致，
叶子的大小、形状和颜色都有可能不同。

这片叶子
好大呀。

我要找一
片最小的
叶子。

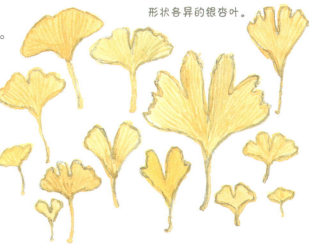

形状各异的银杏叶。

落叶图画

只要拥有落叶，我们都是小小艺术家。
一头栩栩如生的狮子在咆哮着，
一朵惟妙惟肖的太阳花火辣辣地炙烤着，
用落叶可以拼成任何图案。

拼一头帅气的狮子。

要把狮子的身体也拼出来。

超级大的一朵花。

硬纸壳落叶王冠

①裁剪一条较长的硬纸壳，宽幅为 3 厘米，在上面画一些美丽的图案。

②根据头围的尺寸，围成一个圈，把两端粘在一起。

③根据硬纸壳的宽幅裁剪银杏叶的叶柄，使剩下叶柄的长度和硬纸壳宽幅一致，把叶柄插到硬纸壳的缝隙里。

银杏叶玫瑰

①如图，把银杏叶卷成卷儿，然后在外面再包一片银杏叶，按照同样的方式，不断地包裹下去。

②呈现出花的形状后，把叶柄捆在一起。

③找一段豚草或菊芋秆，把里面掏空，插入银杏叶玫瑰花。

美国梧桐落叶王冠

①准备三片大大的美国梧桐树叶。

②除去叶柄。如图，把虚线以下的部分沿虚线向后折。

③如图，把两片树叶放在一起，使树叶的一小部分重叠，用叶柄固定。

④再附上一片树叶，把三片叶子弄出一定弧度，然后用叶柄固定。

落叶王冠好帅气呀！

我是森林女王

118

落叶飞机

把落叶裁成飞机或燕子的形状，可以飞得更好。

嗖嗖……比一比，看谁的落叶飞行距离更远，飞行时间更长？

白木莲

沿着线条轻轻地剪裁。

鹅掌楸

柞槲栎

柿子树

牛叠肚

银白杨

日本木莲

剪一段荞草秆，套在树叶的叶柄处。

用鹅掌楸落叶做的飞机

用柞槲栎落叶做的飞机

用日本木莲落叶做的飞机

用胶带或线绳在叶柄处绑一段树枝。

用牛叠肚落叶做的飞机

用落叶做小·动物

老鼠

狐狸

①把银杏叶沿着线条剪裁。

②打个孔。

③把叶柄从正面插入孔内，如图，画两只眼睛。

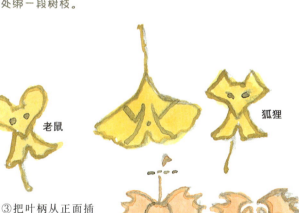

蝙蝠

猫头鹰

①把紫丁香树叶沿着线条剪裁。

②打个孔，把叶柄从正面插入孔内，画两只眼睛。

③如图，把叶片挂在树枝上。

如图，把美国梧桐树叶沿着线条剪裁，在下方打个孔，然后把叶柄从正面插入孔内。

119

硕果累累、草籽饱满的秋季游乐场

扛板归

美洲商陆

龙葵

白英

董菜

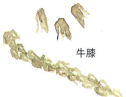

牛膝

龙牙草

随着深秋的到来,

果实越来越饱满,草籽也开始变轻。

做好一切准备,要爆破的,

有酢浆草、野凤仙花和苕子的果实。

用锋利的尖针全副武装的,

有鬼针草和苍耳的果实。

和颗粒饱满的果实尽情地玩耍,

扑啦……扑啦……

在秋天的游乐场里放飞自我吧!

美洲商陆、白英和龙葵的果实有毒。

野大豆

在豆荚里有三四颗豆子。

很容易浮在水面。

田皂角

只吃几颗龙葵的果实是不会中毒的。

苕子

有 5 至 10 颗豆子。

用鬼针草和苍耳果实玩"粘人"游戏

鬼针草、苍耳和大狼杷草的果实，
像个尖尖的魔法棒，
又像是长着犄角的怪物。
"小伙伴们，我们来做个游戏吧，
每个人都拿数量相同的草果，往别人衣服上粘。
"哎哟，被打中会有刺痛感，
快点跑吧！"

苍耳的果实

截面

加拿大苍耳的果实

尚未绽开的
鬼针草果实

尚未绽开的大
狼杷草果实

果实里有两
颗种子。

稀签草的果实

鬼针草的果实

黏糊糊的。

在游戏结束前，摘除
身上粘着的草果即
为犯规。

大狼把草

野薄菜

"种子爆破"游戏

小路边长满了野薄菜、酢浆草和笐子。
步入草丛中，若碰到了野凤仙花，
砰砰砰……小小的种子就会从花荚里跳
出来，若用木棍碰触花荚，种子就会迸射
而出，四散开来。

酢浆草

野凤仙花

哇，突突突……
很容易就炸开
了！

用牛膝装饰衣服

大狼杷草、牛膝和苍耳的果实很容易粘在衣服上，
"小伙伴们两人一组，来装饰一下我们的衣服吧。"
"我要在衣服上画一颗心。"
"我要画一张丑八怪的脸。"
"哇，简直变成了另一件衣服。"

在上面写小朋友的
名字，也很好玩。

苍耳的果实

牛膝的果实

大狼杷草的果实

苍耳垂钓

在木棍上拴一根线，线的尽头绑一个苍耳
的果实，这样，鱼竿就做成了。
在地上画一个圈，圈内放入狗尾草的穗子，
把它们想象成自由游动的鱼，开始垂钓吧。

"果实粘连"游戏

苍耳果实的刺长得像钩子一样，而且还很结实，
苍耳果实摇摇晃晃地粘成一团，不容易脱落。

看谁钓的数
量最多？

打靶游戏

"小朋友们，咱们玩一个有点难度的打靶
游戏吧？"
在无纺布或布料上画靶子，然后贴在树干上。
"哇，有点像射箭。"
"我要正中靶心，拿到 10 分。1,2,3！"
"哼，本来都中靶了，又掉下去了。"
"呀，我中了靶心，得 10 分！"

如果没有靶子，可
以选一个小朋友，
让他(她)转过身
去，把他(她)的
后背当作靶子。

得分最少的
人就是下一
个靶子。

长髦蓼

月见草

藿香

车前草

胭脂草

狗尾草

收集草籽

是像蚂蚁一样,一点一点地拖来草籽,
还是像小鸟一样,一口一口地叼来草籽?
草籽有颗粒饱满的,有轻飘飘的,也有干巴巴的。
多收集一些草籽,准备一顿秋季盛宴吧。

制作收集草籽的撮箕

做一个撮箕,便于收集草籽。

①准备一个饼干盒,如图,沿虚线剪开。
②在盒子底部粘一根木头筷子,当作接草籽的撮箕。

用手撸长髦蓼、胭脂草的穗子,同时用撮箕接住。

轻轻地抖动月见草和藿香的穗子,种子就会掉下来。

把一个信封裁成两半,装入草籽。

"过家家"游戏

把红通通的长髦蓼种子当作米饭,
藿香的种子当作小菜,咯吱咯吱地咀嚼,
多姿多彩的秋日美食,香喷喷的秋季盛宴!

把树叶或橡子碗当作饭碗,盛入草籽,准备一桌饭菜。

制作树叶饭碗

①如图,把树叶的两端剪开。

②分别交叉,用草秆固定。

③如果用一些花瓣的点缀就更漂亮了。

收集一些鲜花和草籽,尽情地玩耍吧。

这是一顿长髦蓼鲜花盛宴。

123

大狗尾草

狼尾草　金色狗尾草　狗尾草

马唐　牛筋草

狗尾草过招

唰唰唰……嗖嗖嗖……轻轻地
抚弄狗尾草草籽的毛,
使狗尾草快速爬行。
要用草秆不停地拨弄着,
"哎哟,不是你想让它快,
它就能快呀!"

要轻轻地抚弄。

①在地上放一本书,
　把狗尾草并排放
　在书的一端。

②用草秆抚弄狗尾草,它会朝着
　反方向蠕动。比一比,看谁
　的狗尾草先从书上掉下来?

狼尾草和狗尾草王冠

用狼尾草草秆编个发带,上面点缀一些狼尾草和狗尾草。
如果再插一些紫芒和马唐的穗子,就成了一顶美丽的王冠。
大家各戴一顶王冠,互相炫耀一下。
"小伙伴,谁的王冠最漂亮?"

①准备九根长长的狼尾草草秆,
　掐掉穗子。

②把九根草秆的一端绑在一
　起,分成三绺,像编辫子一
　样编起来。

③根据头围的大小,把两端固
　定在一起,做成发带。

④把穗子掐断,插
　入发带,王冠
　就做好了。

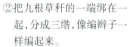

我的是狼尾
草穗子王冠。

我的是马
唐王冠。

我的是狗
尾草王冠。

插入马兰花和
山菊花,就成了
一条鲜花发带。

狼尾草、狗尾草胡须

"咳咳……咳咳……"
把狼尾草的穗子从中间劈成两半,就变成了"狼尾草爷爷"。
把狗尾草的穗子从中间劈成两半,就变成了"狗尾草爷爷"。

狗尾草 "毛毛虫"

狗尾草长得像狗尾巴一样,
毛茸茸的狗尾草。
把草秆掐断,就变成了毛茸茸的虫子,
看,"狗尾草毛毛虫"在蠕动。

如图,把狗尾草的穗子握在手里,手指一松一紧地不断调整,"狗尾草毛毛虫"就会慢慢爬出来。

马唐对决

①把马唐和牛筋草的穗子齐刷刷地剪断。

把狗尾草穗子放在拳头背上,拳头攥紧,松开,再攥紧,再松开,"毛毛虫"就会蠕动起来。

手掌摊开,把狗尾草的穗子放在中指和无名指之间,然后两个手指分开,并拢,再分开,再并拢,如此反复,"狗尾草毛毛虫"就会沿着手指蠕动,慢慢爬上去。

②挑选两个穗子认真撸一撸,把它们立起来。

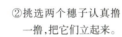

③准备一个宽大的纸箱子,如图,在上面画一个圆。

④把两个马唐穗子竖立在圆圈内,用手指敲击纸箱,把对方的马唐震到圆外,或使其倒下。

咚咚咚……
咚咚咚……

嘿嘿,有点痒痒。

比一比,看谁的"狗尾草毛毛虫"爬得更快?
谁的"毛毛虫"先掉在地上,谁就赢了。
如果把手掌倾斜,故意使"毛毛虫"掉落,即为犯规。

石荞苎 "稻草人"

石荞苎 "稻草人" 在手指上轻轻地摇晃，
在鼻头上，左右摇摆。
"你好！"晃啊晃！"很高兴见到你！"摆呀摆！
"稻草人"笑了，我们也笑了。

我要把它
轻轻地立
在鼻头上。

①如图，把石荞苎沿虚线剪断。

②在落叶上画一张脸，如图，剪下来，插在石荞苎上。

③立在手指上，找平衡。

紫芒猫头鹰

毛茸茸的紫芒猫头鹰栩栩如生，
做点饭吃吧，咕咕……做点糕吃吧，咕咕……
这件紫芒外衣软绵绵的，很拉风。
一双橡子做的眼睛，眨啊眨！

长长的紫芒
旗帜迎风招
展，很帅气。

①把三四根紫芒捆在一起。

②把穗子朝下翻，用线捆好，当作猫头鹰的头。

③再找来六七根紫芒，在紧挨着头的下方围一圈扎起来。

④如图，把穗子朝下翻，做猫头鹰的身体，再在底部扎起，然后剪掉多余的穗子。身体部分要比头部体积大。

⑤把落叶别在猫头鹰头顶当作耳朵，再夹两个橡子或橡子碗，当作眼睛。

最好选用还没有完全熟透的穗子来做猫头鹰，这样，做的时候草籽不会脱落，放几天后草籽会变得更加殷实饱满。

投掷荞草标枪

荞草长得很修长，
嗖……把荞草连根拔起，
呼呼……当作标枪投掷一下
要尽量往远处投掷哦。

荞草草秆花束

荞草秆儿的内部像海绵一样柔软，
适合往里面插入鲜花或者果实。

我要把秋天当作
礼物送给妈妈。

用堇菜的果实做大米饭和大麦饭

藏在堇菜果实里的是大米饭，还是
大麦饭呢？找一找还没有裂开口、
尚未熟透的堇菜果实，
"找到了，这里有！"
"我要用堇菜果实做大米饭。"
"那么，我来做大麦饭吧。"

是做大米饭，还
是做大麦饭呢？

做大麦饭！

大米饭

大麦饭

秋天的堇菜果实
是未能开花的花
苞结的果实。

用大狼杷草果实化妆

突突突……颗粒饱满的大狼杷草果实炸开后，
我们就收获了漂亮的紫色颜料。
可以涂在指甲上，也可以抹在脸上，
画一张花猫脸和一张麻子脸，
再画一张绯红、羞怯的脸庞。

要给小伙伴化个
漂漂亮亮的妆。

嘻嘻，
化妆真挺好玩。

颜色好漂亮。

127

用大狼杷草的果实做粘贴画

大狼杷草果实的颜色很浓，
把草秆切断，做成钢笔，蘸些颜料作画吧。
栩栩如生的蜻蜓，惟妙惟肖的蝴蝶，还有娇艳欲滴的花朵。

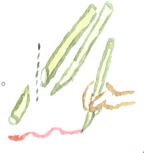

把草秆斜
着切断，就
成了一支
草秆钢笔。

①把大狼杷草的果实用
木棍捣碎，制成颜料。

②用草秆钢笔蘸着颜料，开
始作画。

用草籽做粘贴画

用草籽作画，
可以画出非常生动的图案。

在涂抹糨糊的地
方，轻轻地撒些草
籽。

麻利地抖一抖。

同时用几种草籽来作画
吧，会更有趣的。

①用铅笔在纸上
画一只兔子。

②在兔子眼睛的位置涂上胶
水，然后撒些月见草种子，
拿起来轻轻抖一抖。

③在兔子嘴部位置涂上
胶水，撒些长鬓蓼种子
后，拿起来抖一抖。

④在兔子剩余部位涂上胶水，
撒些紫芒种子，轻轻地按压
后，拿起来抖一抖，图画就完
成了。

128

用草秆盖"图章"

咔嚓……切断坚硬的草秆，
来玩一个盖章游戏吧。
石荞苎草秆的横断面成四方形，
荞草草秆的横断面是圆形。
每种草秆的截面形状各不相同，
这样盖一下，那样盖一下，
一幅漂亮的图画很快就完成了。

草秆里藏着
很多不同的
花纹。

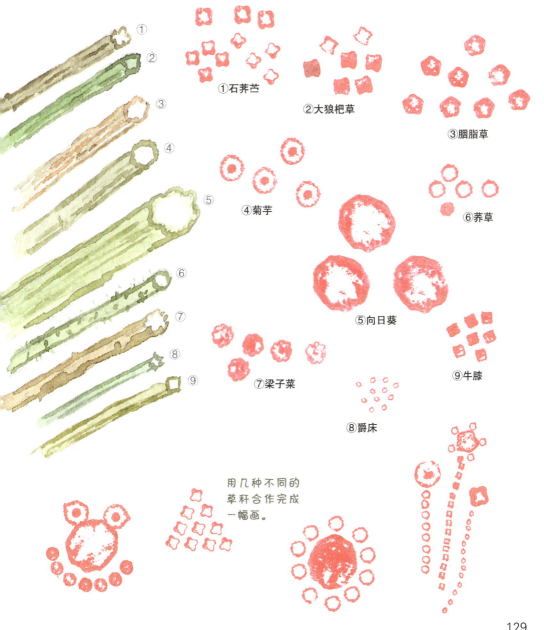

①石荞苎

②大狼杷草

③胭脂草

④菊芋

⑤向日葵

⑥荞草

⑦梁子菜

⑧爵床

⑨牛膝

用几种不同的
草秆合作完成
一幅画。

摇摇欲坠的果实如星星般闪耀

三叶海棠

野蔷薇

滴溜溜的日本紫珠果实，
又圆又硬的菝葜果实，
红扑扑的日本花楸果实，
斑斑点点的水蜡树果实，
这些颗粒饱满的果实一簇簇地挂在枝条上，
对林中动物来说，它们是最美味的食物。
秋天的果实是大自然赋予我们的礼物，
如天上的星星一般璀璨闪耀。

海棠果

日本花楸

山楂

棠梨

莢蒾

山茱萸

日本七叶树

南天竹

菝葜

欧洲七叶树

海州常山

木莲

日本紫珠

水蜡树

蛇葡萄

南蛇藤

白棠子树

130

小叶黄杨

果实绽开之后出现了三只猫头鹰。

玉铃花

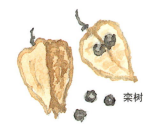

栾树

水杉

辽东桤木

赤杨木

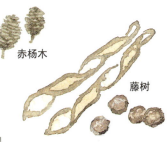

藤树

收集果实

红色的果实、黑色的果实，
圆圆的果实、尖尖的果实，
光滑的果实、粗糙的果实，
松软的果实、坚硬的果实，
果实，真的很好玩。
"多姿多彩的秋季果实，怎么会这么漂亮！"

我要把塑料瓶改装成果实收集桶。

黑色的水蜡树果实。

红色的野蔷薇果实。

果实投掷游戏

橡子、松果、日本七叶树和辽东桤木的果实，
还有水杉和木莲的果实，呼呼地飞出去，
加油！加油！加油！看谁能投中？看谁投进去的果实最多？

投掷果实打靶游戏

在地上画一个靶子，里面标记分数。
小朋友们依次投掷果实，
得分最高的人获胜。

"扔坑儿"游戏

在地上挖一个洞，
每人投掷 10 颗果实，
果实掉入洞中数量最多的人获胜。

鸡蛋盘靶子游戏

在地上放一个鸡蛋盘，朝内投掷果实。把果实投入鸡蛋盘小洞中数量最多的人获胜，或者把每个小洞标记分数，得分最高的人获胜。

谨慎点，正中间小洞的得分最高！

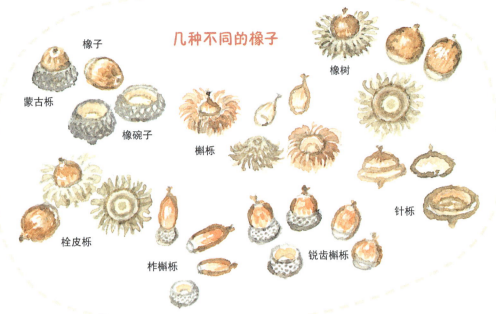

几种不同的橡子

橡子

蒙古栎

橡碗子

槲栎

橡树

栓皮栎

柞槲栎

锐齿槲栎

针栎

"野猪和橡子" 游戏

野猪呀,野猪呀,快找出橡子吧。
美味的橡子到底在谁手里呢?
"哼哼……饥饿的野猪会找到吧?"
"吭哧吭哧……鼻子灵敏的野猪会找出
来的。"

①准备两个橡子,大家围成一个圆,选出一个捉家。
②捉家扮演野猪,进入圆内,闭上眼睛数数。要提
　前约定好数到多少为止。
③在这期间,其他人都伸出双手,手掌摊开,把橡子
　传递下去。传递的方向和速度由传递的人自己
　决定。

快传!　　快传!

1,2　　　3,4……

哼哼哼……　　　　野猪喜欢
　　　　　　　　　吃橡子。

④捉家数数结束的同时,其他人停止传递橡子。
　捉家怀疑谁拿着橡子,就走到他面前发出"哼
　哼……"的声音。
⑤如果猜中了,拿着橡子的人成为下一个捉家,
　游戏继续。
⑥如果捉家连续两次都没有猜中,那他继续扮
　演野猪,从第①环节,重新开始游戏。

如果人太多,猜中的难度太大,
可以试试增加橡子的数量。
捉家寻找橡子的时候,小朋友可以用鼻音唱
歌,当捉家靠近橡子时可以大声唱,如果走
远了就小声唱,以示提醒。

几种不同的板栗

从林子里捡来的板栗。

几种不同的板栗壳。

从市场买来的板栗。

橡树和栓皮栎的果实长得一模一样,都是圆圆的。由于果实经过两年才能成熟,所以橡子的个头很大。

嘿嘿,掉了很多橡子。

掷橡子游戏

橡子树和栓皮栎的果实长得圆溜溜的,
"圆形的果实很容易滚动起来。"
"我们痛痛快快地来一场掷橡子比赛吧。"
"哇,橡子像玻璃球一样,滴溜溜地滚得很快。"

①在地上画个三角形,然后在间隔三四步远的地上画一条横线。
②每人往三角形内放入相同数量的橡子。
③站在三角形的位置往横线方向投掷橡子,根据橡子与横线间的距离长短,决定小朋友参加游戏的出场顺序。
④站在横线外朝着三角形投掷橡子,击打三角形内的橡子,如果能把里面的橡子弹到三角形框架之外,那么弹出去的橡子归自己所有。
⑤成功把三角形内的橡子弹到外面的人可以再玩一次,如果未能成功,换下一个人继续游戏。

扔坑儿游戏

①用木棍在地上挖四个坑儿,每个坑之间间隔三步,然后用脚后跟把坑儿的四周踩实,踩出坡度。
②站在"中坑"的位置朝着"前坑"投掷橡子,根据橡子距离"前坑"的远近决定参加游戏的出场顺序,距离最近的人第一个玩游戏。
③按照中坑→右坑→中坑→前坑→中坑→左坑→中坑的顺序投掷橡子,使橡子落入坑内。
④如果橡子落入坑内,继续游戏;如果没有成功,就把橡子放在原地。下一个人接着玩游戏,再轮到自己玩的时候,站在橡子落地的地方接着玩游戏。
⑤谁最先扔完四个坑,谁就获胜。

按照这个顺序玩游戏

前坑

左坑　　中坑　　右坑

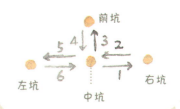

一次就进了。

哦,哦。

感觉像在打高尔夫球。

133

橡子碗"摆高高儿"游戏

把宽大的橡子碗摞起来吧,摞得高高的。
平整而宽大的蒙古栎橡子碗更适合用来做这个游戏。
橡子碗摞儿在颤颤巍巍地摇晃,我们小心翼翼地把它摞高。

哼,倒了!

用日本七叶树果实皮玩掷骰子

日本七叶树的果实皮有四个角,用它做什么呢?
"哇,有四个角,玩掷骰子游戏肯定好玩。"
"挑几个大的板栗皮作骰子,也会很好玩吧。"
在地上画一个掷骰子游戏盘,然后用晒干的橡子作骰子。
马(走五步)! 牛(走四步)! 羊(走三步)! 狗(走两步)! 猪(走一步)! 哎哟,退一步!

板栗壳

日本七叶树果实的皮

橡子碗和板栗壳脸谱

挑选较大的橡子碗和板栗壳,
用签字笔在上面画出一张张奸邪、
凹凸不平的脸,或者丑陋的傻瓜脸。
像做勺子一样,把橡子碗插在木棍上,
然后再把木棍插在打了孔的木墩上,脸谱就画好了!

给木墩打孔要在成年人的帮助下完成,
可以用电钻打孔,也可以把木棍插在打
了孔的木板上。

橡子碗手指玩偶

用签字笔在手指肚画出
眼睛、鼻子和嘴巴,
然后分别戴上橡子碗。
戴帽子的大叔,
长头发的小姐,
每个人都不一样,很好玩!

橡子陀螺

转了,转了,橡子滴溜溜地转起来了!
橡树和栓皮栎的橡子都是圆滚滚的,
很容易转起来。

一定要把牙签笔直地插在正中
间,橡子才能转得平稳。

①如图,用锥子在橡
子上面打个孔。

②把牙签插入孔中,
留足手指握的地
方,其余部分剪掉。

松鼠的餐桌

用橡子碗或日本七叶树果实皮当作饭碗,
盛入五彩斑斓的果实和草籽,
妙趣横生的,松鼠的餐桌就准备好了。
在树林里生活的松鼠,
一溜烟地跑过来,吧唧吧唧地享受美食。

蒙古栎的橡子碗

橡树的橡子碗

锐齿槲栎的橡子碗

柞槲栎的橡子碗

把底部切得平整些。

制作勺子

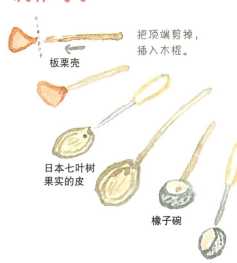

把顶端剪掉,
插入木棍。

板栗壳

日本七叶树
果实的皮

橡子碗

长鬓蓼和狗
尾草很像。

松鼠真的会来
吃东西吗?

红色的野蔷
薇果实肯定
很好吃。

如图,用锥子在橡子碗和日本七叶树果实的皮上
打个孔,插一根细木棍。

135

观察秋季夜空的星座

一颗星,咚……一颗星,呼……
两颗星,咚咚……两颗星,呼呼……
三颗星,咚咚咚……三颗星,呼呼呼……
摘一颗星星,用抹布擦一擦,挂在大门上?
摘两颗星星,马马虎虎地缠在一起,
送给妈妈?
摘一颗星星,迅速地盛在小碗里,
放入锅中,咕嘟咕嘟……煮一煮。
星星在秋季夜空中闪耀,
"孩子们,我们来找一找天马座吧。"
"那里,在那里! 有四颗星星的
就是天马座。"
"天空中挂着一匹马,
咯噔咯噔……像是在奔跑。"
伴随着秋季夜空的星光流动,
秋天也渐行渐远了。

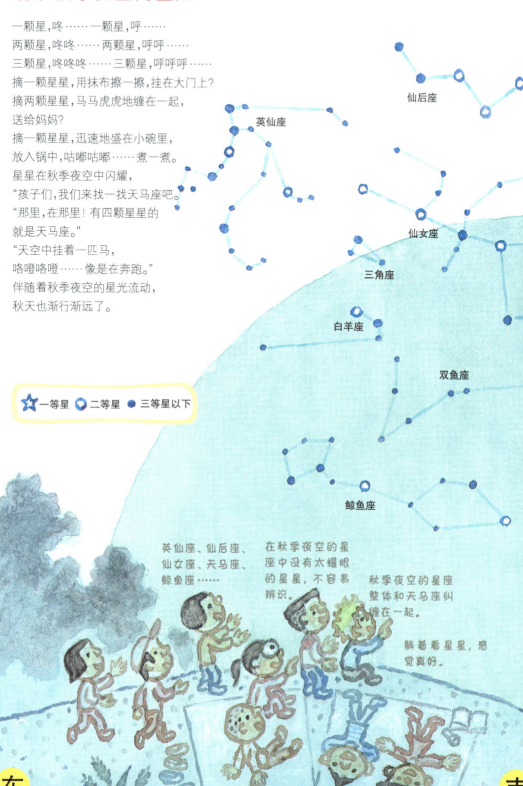

☆一等星　○二等星　●三等星以下

仙后座

英仙座

仙女座

三角座

白羊座

双鱼座

鲸鱼座

英仙座、仙后座、仙女座、天马座、鲸鱼座……

在秋季夜空的星座中没有太耀眼的星星,不容易辨识。

秋季夜空的星座整体和天马座纠缠在一起。

躺着看星星,感觉真好。

东

南

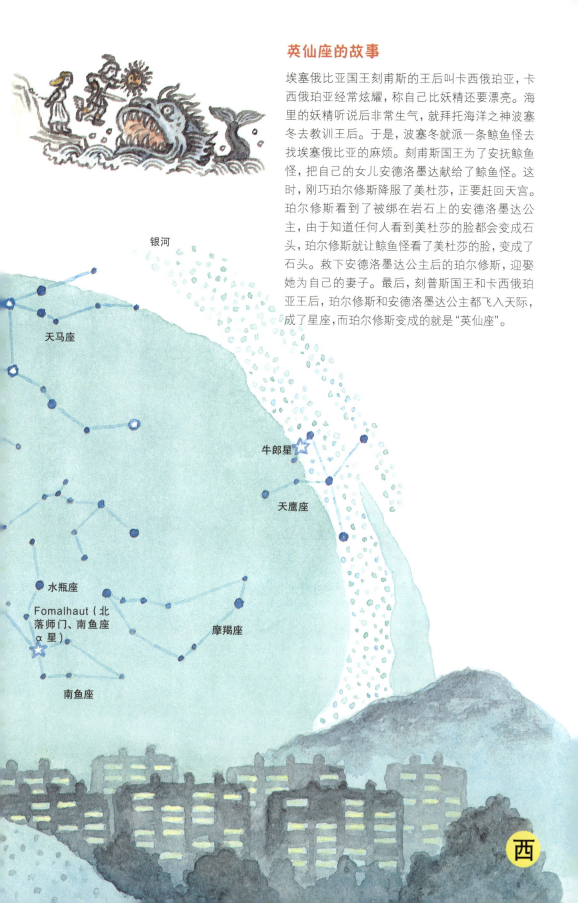

英仙座的故事

埃塞俄比亚国王刻甫斯的王后叫卡西俄珀亚，卡西俄珀亚经常炫耀，称自己比妖精还要漂亮。海里的妖精听说后非常生气，就拜托海洋之神波塞冬去教训王后。于是，波塞冬就派一条鲸鱼怪去找埃塞俄比亚的麻烦。刻甫斯国王为了安抚鲸鱼怪，把自己的女儿安德洛墨达献给了鲸鱼怪。这时，刚巧珀尔修斯降服了美杜莎，正要赶回天宫。珀尔修斯看到了被绑在岩石上的安德洛墨达公主，由于知道任何人看到美杜莎的脸都会变成石头，珀尔修斯就让鲸鱼怪看了美杜莎的脸，变成了石头。救下安德洛墨达公主后的珀尔修斯，迎娶她为自己的妻子。最后，刻普斯国王和卡西俄珀亚王后，珀尔修斯和安德洛墨达公主都飞入天际，成了星座，而珀尔修斯变成的就是"英仙座"。

银河

天马座

牛郎星

天鹰座

水瓶座

Fomalhaut（北落师门、南鱼座 α 星）

摩羯座

南鱼座

西

银装素裹的冬季游乐场

雪花纷飞，
冰天雪地的冬季
惹人喜爱！

漫天飞雪的冬天，

冰天雪地的冬天，

冬天因雪而美，

冬天因冰而惹人喜爱。

盖雪屋，堆雪人，打雪仗，

人们几乎忘记了冬季的寒冷。

照冰雪镜子，踢冰上足球，

寒冷完全被抛至脑后。

越是在寒冷的时候，越是要聚在一起，

越是在寒冷的时候，越是要蹦蹦跳跳地玩耍。

漫长冬夜里的嬉闹声如星星一般，

照亮我们的心情。

吃雪花

洁白的雪花飘舞而下，
"像是天空中飘落白色的大米花。"
惹人喜爱的鹅毛大雪如同白白的大米花。
"天空中，仿佛落下了洁白的大米粒！"
倾泻而下的米糁子雪，很像大米粒。
"接点雪花尝尝吧，会是什么味道的呢？"

雪花会有云彩面
包的味道吗？

嘻嘻，
真的会有
大米花的
味道吗？

哦，什么味道
都没有。

观察雪晶

这真是雪花的样子吗？
仿佛是闪闪发光的星星，又像是宝石。
用放大镜来观察一下，每个雪晶都不一样。

天气越冷，越容
易结成雪晶。

在厚厚的硬纸板上蒙上
一层黑色的纸或布料，
接一片雪花仔细观察，
就能看得很清晰。

遇到哈气后，雪
就会融化。

拍张照片，好
好观察一下。

雪花落在黑色
的衣服上，能看
得很清晰。

躺在雪花被子上

厚厚的积雪是一床白色的雪花棉被，
躺在雪花棉被上试试看吧。
"哎呀，好柔软呀。"
"哇，仿佛飘浮在空中。"
躺在雪地里，贴着地面挥动四肢，
来做一个雪花天使吧。

雪花炸弹

"剪刀石头布"，
"嘿嘿，我赢了，
我来摇晃树。"
砰砰……砰砰砰……
压在树枝上的雪掉落下来，
"啊，好凉啊！"

呀，是雪花
炸弹！

雪橇

孩子们，来玩雪橇吧，超级有趣。
塑料口袋、厚厚的硬纸板、大大的盆子，
塑料桶和木板，不管是什么，
只要是能当雪橇的，都拿出来吧。

在塑料口袋里放入
稻草、报纸或硬纸板
之类的东西，用绳子
扎住袋口。

把厚厚的硬纸板折叠，在折
痕处套一条绳子。

我要滚着
滑下去。

打雪仗

把雪攥成一团，玩打雪仗吧。加油！加油！加油！
左躲右闪，躲开雪球。

①分成两组。
②画一条横线，两组人员面对面站在横线两侧。
③听到"开始"后，迅速攥雪球，攻击对面的小朋友。
④被雪球打中，或者踩线的人成为对面组的人。
⑤当所有人都成为一个组的队员时，游戏结束。

打中了！

雪地里的脚印图画

走在皑皑的白雪上,留下串串足迹。
嘎吱……嘎吱……一路踏着雪,
雪地里出现藤蔓和树枝的枝条,很漂亮。
嘎吱……嘎吱……一路踩着雪,
笑吟吟的心形图案在雪地里绽放。
嘎吱……嘎吱……
又是一幅美丽的脚印图画!

堆雪人

松软的雪容易攥成团儿,松散的雪不容易攥成团儿,
在温暖的天气里,积雪悄悄融化,这样的雪最容易攥成团儿。
在寒冷的天气里,地上的积雪变得松脆,没有水分,根本无法攥成团儿。
"要用容易攥成团儿的、有点湿润的雪来堆雪人。"

比一比,看谁做
的雪球最大?

①做一个和头部尺寸相当的雪球。

②在雪地里滚雪球。

③继续滚动雪球,直到出现一个大大的雪球。

④在大雪球上面摆一个小雪球,在两个雪球的连接处堆一些雪,防止上面的雪球掉下来。用松果、小石头和树枝给雪人化个漂亮的妆。

雪人玩偶

攥一个小小的雪球,做一个可爱的雪人玩偶。
用果实、落叶和松树叶装饰一下,
喵喵喵……汪汪汪……是小花猫和小花狗在叫!

雪房子 ① 用潮湿的雪盖房子

今天下的雪是湿润的，很容易攒成团儿，
把雪做成方砖，一块一块垒起来，盖间雪房子吧。
要盖一座像冰屋一样大大的雪房子。

雪房子 ② 用干爽松散的雪盖房子

今天下的雪是干爽而松散的雪，不容易攒成团儿，
那就把雪堆得高高的，来盖一座雪房子吧。
盖一栋像大山一样的雪房子。

①准备一个装辣白
菜的桶，在里面放
满雪，然后压实。

②在要盖房子的地方画一个圆，
把装辣白菜的桶倒扣过来，轻
轻地敲击底部，使雪砖掉出来。
垒雪砖的时候，自下而上逐渐
往里缩小圆的直径。

①把雪堆得高高的，即使雪滑落下来也没关
系，压实雪，尽量盖一栋大房子。

②用花铲子把雪拍得结实些，挖一个洞，一边
往里挖，一边把里面的雪运出来。直到墙
壁可以透出光亮，停止挖掘，再朝别的方向
继续挖。

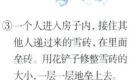

③一个人进入房子内，接住其
他人递过来的雪砖，在里面
垒砖。用花铲子修整雪砖的
大小，一层一层地垒上去。

④雪砖之间的缝隙，用雪填上。
用花铲子在墙上挖一个洞，这
便是雪屋的大门。

③直到四周的墙壁都透出光亮，停止挖
掘，雪房子就盖好了。给雪房子的地面
铺上席子，进去玩耍吧。

雪球打靶游戏

攒个雪球，然后用它在墙上画个靶子，
墙上留下的湿痕就是靶子。
攒一些圆圆的雪球，
呼呼呼地朝着靶子投掷雪球。

冰凌游戏

屋檐上的雪融化后,
会变成冰凌,冰凌一般都是长长的,尖尖的,
摘下冰凌,来做个游戏吧。

摘冰凌的时候,用力要小,
千万别弄断了。比一比,看谁
的冰凌最长?

吱吱……嘎嘣……尝尝
冰凌是什么味道?

啪啪啪……来一场冰刀击射
比赛! 冰凌撞击在一起折断
了。冰凌剩余部分最长的人
就是赢家。

雪钓

优哉游哉的雪钓,有趣的雪钓。
在积雪暄乎乎的地方,
投放钓竿,来一次雪钓吧。
在线上绑一块木头,制作钓具。
雪钓,能钓上来什么东西呢?
当然是钓上来雪啦!
比一比,看谁钓上来的雪最多?

造冰游戏

在大大小小的碗里装满水,放在户外冻一整夜。
从大盆里倒出来的冰可以当镜子,
"嘿,快看看我们长得怎么样?"
脚踩在冰块上很容易滑倒,冰块很滑的。
"哇,好滑呀!"
拿冰块当球踢,来一场足球赛吧,
"嗖嗖……冰球很快就跑远了。"

起风啦，起风啦，风吹向远方！

鹅耳枥

鹅掌楸

虎杖根

长着翅膀的种子。

梧桐

起风啦，起风啦，

长着翅膀的种子和长着毛毛的种子，

都飞起来了，种子飞起来了，

纸做的种子也飞起来了。

滴溜溜……哧溜溜……

种子乘着风飞起来了。

起风啦，起风啦，

可爱的纸风筝和敏捷的塑料风筝，

都飞起来了，风筝飞起来啦，

鲻鱼风筝也飞起来了。

呼啦啦……呼啦啦……全都乘着风，飞起来啦，

风儿，尽情地吹吧，你是我们最有趣的朋友。

三花槭

果翅

白桦

山药

茶条槭

三角槭

辽椴

红枫

146

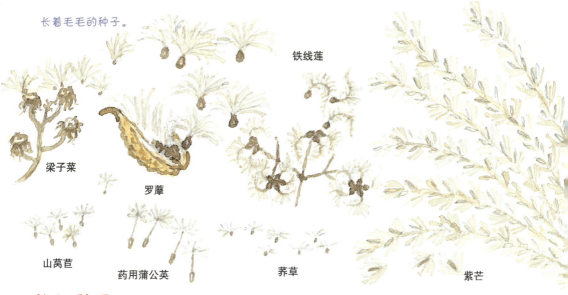

长着毛毛的种子。

铁线莲

梁子菜

罗藦

山莴苣

药用蒲公英

荞草

紫芒

放飞种子

起风的日子是最适合放飞种子的日子，
"小伙伴们，我们到高处去吧。"
滴溜溜……哧溜溜……
长着翅膀的种子飞起来了，
长着毛毛的种子也轻飘飘地飞起来了，
种子乘着风，越飞越远。

臭椿（朝鲜的叫法）

榔榆

果翅

杉松

日本落叶松

赤松

147

放飞纸做的臭椿树种子

用纸折一颗种子，
哇，像真正的种子一样，能飞起来，飞得很好。

臭椿树种子

把纸裁成长条，然后放飞。也可以裁成长和宽各不相同的图形。

纸做的红枫树种子

红枫树的种子

像直升机一样滴溜溜地旋转。

15厘米

1.5厘米

①剪一段长长的纸条。

4厘米

②如图，把纸的一端从中间裁成两半，另一端向上卷起来。

③把裁成两半的纸向左右展开。

纸做的山药种子

像滑翔翼一样迅速地飞起来

山药的种子

彩纸

①把彩纸分成四等份，沿虚线向上折起一等份。

②如图，再折起一等份。

③翻过来，如图，沿着竖直线向上轻轻折叠。

拥有三片机翼的直升机

①裁三张宽幅为1.5厘米的彩纸条。

②如图，把三张纸条分别对折，互相交叉着叠放在一起。

③沿着箭头的方向，用力拉紧这三张纸条。

放飞纸做的种子

窸窸窣窣……
"纸做的山药种子在滑翔！"
比一比，看谁能使它飞得更远？

如果在高处放飞，它就能飞得更远。

彩纸风筝 ①

线

①如图,把彩纸上的两个角沿虚线向内折叠。

②沿竖直线对折。

③分别沿两侧的虚线向外折纸。

④如图,在虚线上方的凸起部位贴胶布。

⑤在贴胶布的地方打孔,把线穿过小孔,然后系上。最后,把报纸剪成长条,粘在风筝上。

彩纸风筝 ②

胶棒

①把彩纸沿对角线对折。

②分别沿两侧的虚线向外折纸。

③展开彩纸,如图,把折叠部分立起来。

④在第③环节的彩纸上,如图,叠放另外一张彩纸,用胶棒粘起来。

4厘米

⑦在贴胶布的地方打孔,把线穿过小孔,然后系上。最后,再做一条尾巴,粘在风筝上。

⑤根据第④环节中叠放在一起的两张彩纸的竖线段长度,裁一张纸条,如图,沿虚线折纸。

⑥把第④环节的彩纸翻过来,然后把第⑤环节的纸条糊在竖直线位置,在上面和中间位置贴胶布。剪两只眼睛,贴在图示的位置。

简易纸风筝

只要有一张彩纸,就可以做一个风筝。

①把复写纸沿中线对折。

②每半张纸再向反方向对折。

③如图,展开复写纸,找一根线,用胶布把线的两端分别固定在风筝上。

149

塑料袋风筝

①剪掉塑料袋的
提手部分。

②找一根铁丝，围在塑料袋
口的部位，铁丝要长于塑
料袋口的周长。

③把塑料袋向外翻，包住
铁丝，用胶布贴住。

④把多出来的铁丝两端缠
在一起，然后向下弯曲。
用签字笔在塑料袋上画
画。

⑤把铁丝弄成圆形，使塑料
袋口张开。然后把铁丝
接口部位的塑料袋向下
扯，包住铁丝连接处，用
胶布粘住。

⑥在塑料袋口
的两侧穿上
线，系牢。

塑料袋风筝飞不了太
高，要在风大的日子
里，站在高处放风筝。

塑料风筝

①如图，绘制图纸。

②把塑料袋的侧
面和底部剪掉。

③把塑料袋展开，然后把
图纸铺在塑料袋上，用
胶布固定。

④沿着尺子，根据图纸剪
裁塑料袋。

木棍或塑料棍

45厘米

⑤把小木棍放在图示
的位置，贴上胶布。

在塑料风筝上绑线

按照图示的顺序，用胶布把线固定在风筝上，然后打
结。在两侧翅膀的位置上，分别拴线。

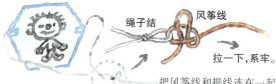

把风筝线和提线连在一起，在
上面画画，来装饰风筝。

150

鳐鱼风筝

海里有鳐鱼,天上也有鳐鱼,
天空中飞舞着一只轻轻摇摆的鳐鱼风筝。
鳐鱼风筝在空中上下翻飞,不住地点头,
原来是一只很会打招呼的点头风筝。

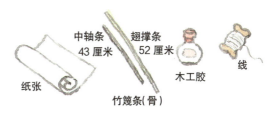

中轴条 43 厘米　翅撑条 52 厘米　木工胶　线　纸张　竹篾条(骨)

①把纸张裁成正方形,沿对角线对折,然后展开。

不发亮的一侧为内侧。

②在中轴条内侧涂上木工胶。

10 厘米　2 厘米　角

③把涂有木工胶的中轴条粘在纸张的对角线上,用力按压,然后把两侧的角沿虚线向内折叠,再展开。

④在翅撑条上涂抹木工胶,弄出弧度后粘在纸上。

⑤在两侧的角正面涂抹木工胶,向内折叠,把翅撑条包在里面。

⑥裁剪一些菱形纸条,涂上木工胶,把中轴条和翅撑条盖住。

⑦把纸翻过来,在上面画画,然后粘上尾巴。

鳐鱼风筝呼啦啦地飞起来了。

长长的尾巴帮助风筝找准了重心,所以才飞得那么好。

绑提线

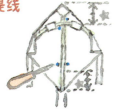

①如图,在需要穿线的地方打孔。底部的孔要打在★上方 2 厘米处,中轴条左右并列位置各打一个孔。

60 厘米

②如图,把线的两端分别穿过所打的孔,系牢。

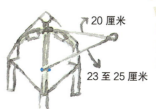

20 厘米　23 至 25 厘米

③在线上打一个结,使线的顶端距离结的长度比下端距离结的长度要短。

151

盾形长尾风筝

盾形长尾风筝的外形似盾牌，是四四方方的，
它像盾牌一样结结实实，
像黑鸢一样自由翱翔，
飞吧，盾形长尾风筝！要比云飞得更高，更远。

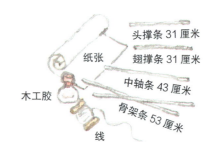

头撑条 31 厘米
翅撑条 31 厘米
中轴条 43 厘米
骨架条 53 厘米
纸张
木工胶
线

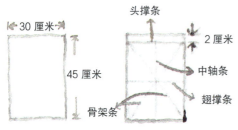

头撑条
2 厘米
中轴条
翅撑条
骨架条

30 厘米
45 厘米

①剪裁纸张。

②顶端留出 2 厘米，如图，用铅笔画出头撑条、骨架条、中轴条和翅撑条的位置。

③在纸张中间画圆，用刀把中间圆孔裁掉。

韩式风筝的中间圆孔直径 12 厘米

④在头撑条上涂抹木工胶，把头撑条粘在相应的位置，用力按压一会，待胶水彻底干透后停止按压。

⑤如图，在骨架条下段涂抹木工胶，对照下端两个角的线条，粘上去，然后用力按压。

⑥把纸张整体翻过去，如图在骨架条上段内侧涂抹木工胶，然后把纸粘上去，用力按压。

⑦如图，用双脚分别踩住风筝底部的两个角，抓住顶端的两个角，按照箭头所指的方向用力拽，直到胶水干透。

在头撑条和中轴条接触的位置涂抹木工胶。

⑧把中轴条内侧朝上，从骨架条的底部慢慢向上推，在中轴条内侧抹上木工胶，然后翻过去粘在纸上，用力按压。注意一定要把中轴条尽量推到顶，与头撑条接触在一起。

⑨把翅撑条从中轴条的底部插入相应位置，涂抹木工胶后，把翅撑条翻过来粘在纸上。

⑩在头撑条顶端留出的纸上涂抹木工胶，然后向上扣过来，包住头撑条。

⑪用毛笔或签字笔在风筝上画画。

绑提线

准备三根长度为120厘米的线。

弓弦线 20 度角

①取一根线，把线的两端扣在一起，拴在风筝上端一角的头撑条和骨架条上，另外一端系在上端另外一个角的头撑条和骨架条上，系的时候注意调整线的长度，使其中一段和头撑条保持平行，另外一段和风筝上端成 20 度角。

上线

②再取一根线，把线的两端分别系在风筝上端的两个角上。

韩式风筝中间圆孔的下端

③把中轴条分成四等份，在底部第一等份中轴条两侧分别打个孔。

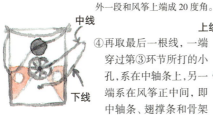

中线

下线

④再取最后一根线，一端穿过第③环节所打的小孔，系在中轴条上，另一端系在风筝正中间，即中轴条、翅撑条和骨架条交叉处。

上线 下线 中线

⑤如图，用一只手把第二根、第三根线提拉起来，调整手的位置，把这两根线系在一起。使两条上线和下线拉直，并且长度相同。中线略长，较为松弛。

第③环节中两个小孔的位置在中间圆孔正下方，是为了方便系线而打的小孔。

放风筝

风向

①抓住风筝，然后慢慢放手。

②朝着风吹来的方向奔跑。一边跑，一边放线。

风向

45 度仰角

③风筝飞起来之后，背对着风吹来的方向站立。如果风筝线拉得太松，就收一收线。如果风筝线拉得太紧，就放一放线。

塑料瓶线轴

小塑料瓶　　用过的胶棒（25 克）

①除去塑料瓶盖，把胶棒插入瓶口，当作把手。

②把线的一端绑在瓶身上。

③把线缠紧。

呀! 可爱的彩纸风筝飞得真好!

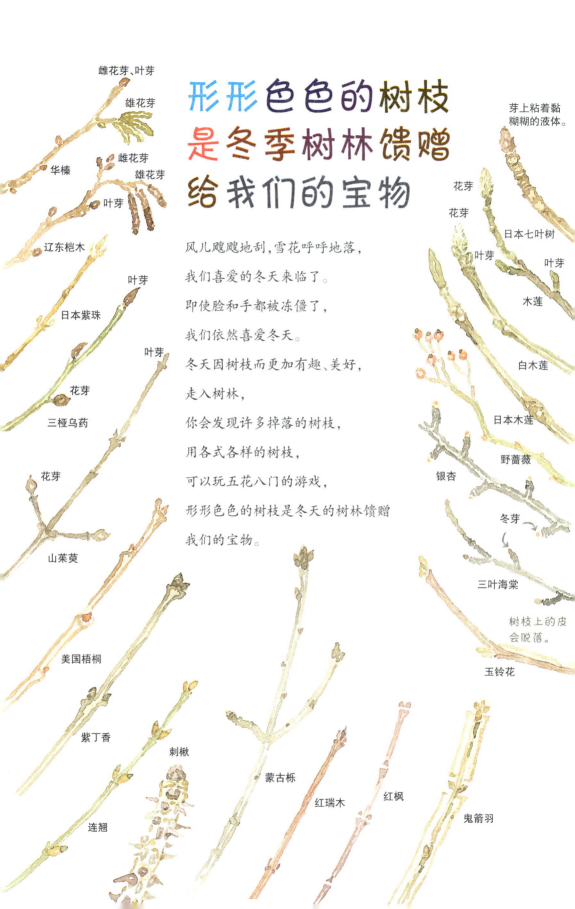

形形色色的树枝
是冬季树林馈赠
给我们的宝物

芽上粘着黏糊糊的液体。

风儿飕飕地刮，雪花呼呼地落，
我们喜爱的冬天来临了。
即使脸和手都被冻僵了，
我们依然喜爱冬天。
冬天因树枝而更加有趣、美好，
走入树林，
你会发现许多掉落的树枝，
用各式各样的树枝，
可以玩五花八门的游戏，
形形色色的树枝是冬天的树林馈赠
我们的宝物。

雌花芽、叶芽
雄花芽
华榛
雌花芽
雄花芽
叶芽
辽东桤木

叶芽
日本紫珠
花芽
三桠乌药

花芽
山茱萸

美国梧桐

紫丁香
刺楸
连翘

蒙古栎
红瑞木
红枫

花芽
花芽
叶芽
日本七叶树
叶芽
木莲

白木莲
日本木莲
野蔷薇
银杏
冬芽
三叶海棠

树枝上的皮
会脱落。
玉铃花

鬼箭羽

在冬季的树枝上寻找隐藏的图案

在树枝上分布着一簇簇的冬芽，
冬芽穿着毛茸茸的外衣，一定很温暖。
"花芽是胖乎乎的，叶芽是修长的。"
在树叶已经脱落的树枝上，找一找冬芽吧，
"哇，用放大镜能看到在树叶脱落的地方有冬芽，
有的是猴子脸，有的是笑脸，有的是戴帽子的脸庞，
很有趣，真好玩。"

几种不同的冬芽

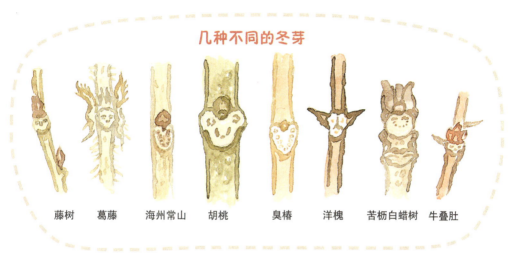

藤树　　葛藤　　海州常山　　胡桃　　臭椿　　洋槐　　苦枥白蜡树　牛叠肚

捡树枝

"樵夫们，集合啦！
我们去捡树枝吧！"
有长树枝，粗树枝
表面光滑的树枝，
表面坑坑洼洼的树枝
把形形色色的树枝放在一起，
开开心心地做个游戏吧。

让木棍竖直立在掌心里

木棍在手掌心里左摇右摆，
比一比，看谁能让木棍在掌心里竖立的时间最长？

用木棍拼图案

用木棍能拼成什么样的图案呢？
翩翩起舞的蝴蝶，长着犄角的小鹿，
哇，还可以拼一座漂亮的房子。

我要把木棍立
在手指上。

咱俩一起盖一
座大房子吧。

让木棍保持平衡

长长的木棍在手指上摇摇欲坠，
如果我们屏住呼吸，它就不会掉吗？
让木棍保持平衡，既有难度也很有趣。

我放上去
四根。

哇！

把木棍立在食指上，比一比，看谁
能先到达目的地？如果木棍掉在
地上，需要在原地捡起木棍后继续
游戏。

用一根木棍交叉着托起另一根木
棍往前走，能保持上面的木棍不
掉落，最早到达目的地，并折返至
出发点的人获胜。

看谁能用一根木棍
托住更多的木棍。

抓握木棍游戏

找来一根木棍，一人握住
底端，另外一人依次紧挨
着前面人的手往上抓握，
直到没有地方能抓为止，
抓不到的人就输掉比赛。
可以找来一根较长的木
棍，两个人、三个人或者
四个人都可以玩。

呀！   我赢了！

"投壶"游戏

准备十根木棍,
小朋友们依次往箱子里投掷十根木棍,
比一比,看谁投进的木棍数量最多?

如果没有箱子,可以在地上画一个圆,朝圆内投掷木棍。木棍压线了也作为投进计数。

搭木棍

搭住一根、两根、三根……
"搭了一根又一根,
简直像搭了一个老鼠窝。"
"是啊,像老鼠窝。"

搭完啦!

小朋友们分成两组,把木棍一根一根地搭着立在地上,比一比,看哪一组最先把所有的木棍都搭完?

"拆签子"游戏

多准备一些木棍,把木棍撒落在地上,
小朋友们决定参加游戏的顺序,
一根一根地拆走木棍。
拆的时候一定要小心,不能碰到其他木棍。

啊!动了!

如果拆的时候碰到其他木棍,
就把木棍放回原处,轮到别人拆木棍。
如果没有碰到其他木棍,已经拆掉的木棍归自
己所有,可以继续游戏。
最后,数一数,拿到木棍数量最多的人获胜。

用木棍制作姓名牌

"狗屎!"
"狗屎,多难听呀!我要叫牛粪。"
"嘻嘻,狗屎可比牛粪好看多了。"
裁剪一块厚纸板,用黏合剂把小木棍粘在
上面,拼出文字,
帅气的姓名牌就做好了!

狗屎

157

"打尜" 游戏

用打尜棒打尜，
"尜，拜托啦，一定要跑远一点呀。"
一个、两个、三个、四个……
"哇，有十五个打尜棒那么长，真够远了！"

想把尜的两头削尖，
还是挺有难度的。

①用粗细约为 2 厘米左右的木棍，做成打
　尜棒和尜，尜的两端要削尖。

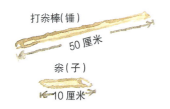

打尜棒(锤)
50 厘米

尜(子)
10 厘米

②在地上画一个直径约 50 厘米的圆，在圆心处挖个
　坑。在距离圆 3 米远的地方画一条横线。
③确定游戏结束分值。
④分成两组，一组负责攻击，一组负责防守。
⑤防守组的人全部站在横线外，攻击组的人轮流出场
　开始攻击。

3 米

50 厘米

⑥攻击组的人把尜横着放在坑上，然后把打尜棒伸到坑内，挑起尜，待尜飞起后用
　力击打尜，使尜朝着横线的方向飞过去。
⑦如果防守组的人接到尜，那么此次负责攻击的人被淘汰。如果没有人接到尜，
　尜掉落在地上，那么防守组派一个人在原地拾起尜后朝圆内投掷。
1. 如果尜被扔到坑内，攻击者被淘汰。
2. 如果尜被扔到圆内，攻击者再获得一次打尜的机会。
3. 如果尜压在圆的边线上，攻击者再获得两次打尜的机会。
4. 如果尜掉落在圆的外边，攻击者再获得三次打尜的机会。

3

4

1

2

⑧如果攻击者"活"下来，获得再次打柒的机会，要回到柒最初掉落的
地方，用打柒棒击打柒的一端，使柒弹起后，再用打柒棒用力击打
柒，把柒打向远处。如果没有打中，可以再打一次。

嗨……

嗨……

⑨如果获得两次或三次打柒的机会，需在柒上次掉落的地方，根据⑧
环节的游戏规则，把柒打得越远越好。
⑩打柒结束后，击打者以打柒棒为尺子丈量圆至柒掉落地点之间的
距离，估算到底能有几个打柒棒的距离，然后大声喊出所得成绩。

15 个打柒棒的长度

⑪防守组如果认为攻击组所报成绩与实际长度一致，可以高喊"积
分"；如果认为不符，可以用更大的声音喊出"再量"。如果防守组
的答复为"积分"，那么攻击组获得相应分数，可以继
续打柒；如果防守组的答复为"再量"，那就需要重新
丈量。若成绩与实际不符，刚才的攻击者淘汰；如果
成绩与实际相符，攻击组所获分值翻倍。
⑫当攻击组有三名队员淘汰后，攻击组与防守组交换
阵地。哪一组最先获得双方约定的游戏结束分值
即为获胜方。

不够十五个打柒
棒的长度！

再量！

一个、
两个……
十三个！

哼，淘汰了！

弹弓 ① （果实弹弓）

枪,鸟枪！真的是可以抓鸟的鸟枪吗？
"呵呵,鸟？还抓什么鸟？依我看,鸟能抓你！"
不是鸟枪,是弹弓,是可以给鸟儿们投食的弹弓！

长度为 20 厘米的树枝

一至两根橡皮筋

带柄的果实

在一根树枝的末端套上橡皮筋,勒紧。

在橡皮筋上再套一根橡皮筋,拴上也可以。

把果实搭在橡皮筋上,使劲拉。

弹弓 ②

长度为 20 厘米的树枝两根

长度为 10 厘米的树枝一根

九根橡皮筋

胶带

长度为 15 厘米的胶带

①准备两根 20 厘米长的树枝,用橡皮筋把一端绑在一起,如图把两根树枝分开成 V 字形。

②再准备一根 10 厘米长的树枝,横着架在两根树枝上,分别用橡皮筋绑在一起,如图,把横放的树枝向下推。

③如图,把橡皮筋粘在胶带上。

④两端分别再套一根橡皮筋。

⑤把第④环节与第②环节的作品,按照图示的方法,连接在一起。

要把橡皮筋拴牢。

用果实当作子弹玩弹弓的时候,要把弹弓略微朝下压,然后弹射果实。

弹弓

Y 字形树枝
皮子
两根橡皮筋
线

① 把 Y 字形分叉的树枝放在火上烤一烤，然后握住分叉向内用力推，使两个分叉向内弯曲。

6厘米
2厘米

② 在两个分叉靠近顶端处挖出小槽。

③ 在皮子上打两个孔，用来拴橡皮筋。

④ 把橡皮筋穿过小孔系在皮子上，在连接处用线绳绑牢。

⑤ 如图，把橡皮筋拴在树枝的小槽处，用线绳绑牢。

不能朝着人打弹弓。

冬季的鸟儿们会饿肚子，把花生用弹弓投食给它们。

投掷木棍

什么样的木棍能飞得更远？
找一些这样的木棍来，
比一比，看谁能把木棍投掷得更远？

木棍标枪

"能打中，还是打不中？"心里有些忐忑，
嗖……木棍飞了出去。
用木棍来玩扔标枪的游戏，很好玩的，嗖嗖……
每人准备五根木棍，
朝着对面的榆树投掷木棍，
比一比，看谁打中榆树的次数最多？

叮叮叮……
咚咚咚……
提着易拉罐，集合啦！

易拉罐，易拉罐，常见的易拉罐，

易拉罐，易拉罐，到处都有易拉罐。

叮叮叮……咚咚咚……似乎在召唤我们，

易拉罐在召唤我们，叫我们赶紧出来玩。

在月色皎洁的夜晚，

噗噗噗……呼呼呼……

易拉罐发出的声音令人兴奋。

滚动吧，易拉罐版画真的好漂亮。

易拉罐，易拉罐，多么有趣的易拉罐，

叮叮叮……咚咚咚……大家提着易拉罐集合啦！

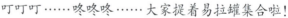

提着易拉罐出来吧！正
月十五月儿圆，大家提着
易拉罐集合啦！

灯会开始啦！

月色朦胧。　　月色动人。

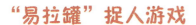

"易拉罐"捉人游戏

"喂,使点劲,踢远点。"
易拉罐"啪"的一声,飞了出去!
"快点跑吧。"
小朋友们朝着四面八方逃跑。
"来抓我哟!"
"大伙儿快来救救我呀!"
即使被抓到了,也不用担心,
把易拉罐一脚踢飞,"嗵"的一声,你就能获救。
"我'复活'了,我又'活'了!"

我是捉家。

嘻嘻,快跑哇!

①通过"剪刀石头布"选捉家,每三四个人中选出一个。
②在地上画一个直径为 2 米左右的圆,在圆内竖直放一个易拉罐。选一个不是捉家的小朋友走到圆内,把易拉罐踢向远方,游戏开始。
③其他人赶紧逃跑,捉家派人去把易拉罐捡回来放在圆内,随后开始捉人。
④被捉住的人一只脚踏入圆内,坐在地上。
⑤如果没有被捉到的人趁着捉家不注意,悄悄地把圆内的易拉罐踢飞,那么坐在地上的小朋友全部"复活"。捉家把易拉罐捡回来,放入圆内后,继续捉人。
⑥直到所有的人都被捉家捉到,游戏结束。用"剪刀石头布"重新选出捉家后,游戏再次开始。

"易拉罐捉迷藏"游戏

"喂,要使劲踢远点,那才能有时间藏起来呀。"
如果时间太短,不足以藏起来,可以多踢几次易拉罐。
"你的头发露出来啦,你的衣服角露出来啦。"

①用"剪刀石头布"选出捉家。
②找一个不是捉家的人,把圆内放置的易
　拉罐踢飞,然后藏起来。

③游戏刚开始的时候,捉家要一直
　闭着眼睛。睁开眼睛后,把易拉
　罐捡回来放在圆内,然后开始找
　人。直到所有的人都被找出来,
　游戏结束。

④如果捉家找到了人,一边高喊"某某小朋友被找到了",一
　边用脚碰一下易拉罐以示确认,然后再去找其他人。
⑤被找到的人把一只脚放入圆内,坐在地上。如果躲起来的
　人悄悄跑过来把易拉罐踢飞,那么坐在地上的人全部"复
　活",逃跑后可以再次躲起来。

易拉罐钓鱼

"哎哟,易拉罐钓鱼游戏真好玩,
有鲨鱼,还有章鱼。"
"啪"的一声,提起钓鱼竿,
钓鱼竿在颤颤巍巍地动。
钓一条什么鱼呢?
有没有鲸鱼呀?
"钓到了,钓到啦!"
"我钓到了一只章鱼!"

①准备一些大小不一、
　种类不同的易拉罐。

②根据易拉罐的大小剪
　裁一些纸,在纸上画
　鱼的图案,然后把纸
　缠在罐身上,用胶带
　粘住。

章鱼

制作钓鱼竿

线。

木棍。

曲别针。

①用胶带把线粘
　在木棍上。

②用曲别针做个钓鱼
　钩,然后把鱼钩挂
　在线上。

164

易拉罐笛子 ①

小伙伴们,集合啦! 我们来举办一场易拉罐音乐会吧!

哆来咪发唆拉西哆!

从易拉罐里传出笛子的声音,咯咯……易拉罐笛子的声音在村子的角落里响起。

我不喜欢唱歌,喜欢击打乐器,那更让人兴奋。

叮……当…… 叮……当……

吸管

用胶布把一截吸管固定在易拉罐饮用口的旁边。

用胶布把两截或三截吸管固定在易拉罐饮用口的旁边。

易拉罐笛子 ②

把三个高矮不同的易拉罐连接在一起,做一个排笛。

呼…… 呼…… 呼……

在相同的易拉罐里倒入不同量的水,也可以吹笛子。

吹响易拉罐笛子

①在吸管上端一侧剪开一个小口,小口距离吸管底部的距离要高于易拉罐身。

易拉罐笛子 ③

①在易拉罐饮用口正下方的罐身处,打几个孔。

②如图,把吸管粘在易拉罐上。

感觉真像是在吹笛子。

③像吹笛子一样,用手指不断地调整位置,堵住小孔,再松开。按照这样的方法,吹吹看吧。

味溜…… 吸溜……

②易拉罐内装水,插入吸管,一边上下挪动吸管,一边衔住吸管吹气,一定会找到可以发出声音的位置。

易拉罐橡皮筋动力车

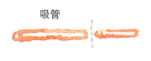

吸管

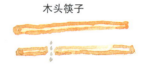

木头筷子

①用锥子在易拉罐的顶端和底部正中央各打一个孔，然后用铅笔把小孔扩大。

②剪一段吸管，长度要略长于易拉罐罐身。

③准备一双木头筷子，一支保持原样，一支剪成4厘米长的段。

四根橡皮筋

铁丝

用胶带固定。

④准备四根橡皮筋，两两连接在一起。

⑤如图，把长为4厘米的木头筷子段套在两串橡皮筋上，橡皮筋的另外两端套在铁丝钩上，把铁丝从下至上通过小孔，穿过易拉罐。

⑥把吸管套在铁丝上，顺着铁丝推入易拉罐内。

⑦通过露在外部的吸管，拉出橡皮筋，摘除铁丝，把另外一根完整的木头筷子套在橡皮筋上。

⑧剪一只动物贴在筷子上，朝着图示箭头的方向旋转筷子，转几圈后，松开手，易拉罐就会朝前滚动起来。

易拉罐"摆高高儿"

比一比，在相同的时间内，看谁能把易拉罐摆得更高？要小心翼翼地、轻轻地摆，
"我要先摆完。"
"我要摆得和我一样高。"
如果太贪心，就会哗啦啦地倒塌，要慢慢地堆起来。

妈呀！
倒了，哼！

印制易拉罐版画

把易拉罐棒槌在纸上面滚一滚，
就出现了小朋友歪歪扭扭的脸蛋和漂亮的花纹，
"嘻嘻，我要做一张卡片，送给小朋友。"

不容易粘在
易拉罐上。

刚开始的时
候，要画一些
简单的图案来
印制。

①在易拉罐的顶端和底部正中央各打一个孔。

②找一根粗的肉串签子穿过两个孔。

③根据罐身大小裁剪一张厚厚的纸，在纸上画出面部轮廓，然后抠掉。

④用纸包住罐身，然后就用胶带固定。

⑤剪出眼睛、鼻子和嘴巴，用胶水粘在相应的位置。

⑥如果易拉罐比较矮小，可以在胶布上画画，然后剪下来贴在罐身上。

⑦把易拉罐在印台上滚动几圈，然后再均匀地涂开。

⑧把几张纸叠在一起，然后用易拉罐在上面慢慢地滚动，开始印制版画。

⑨把印制好的版画剪下来，做成卡片或明信片。

用胶布抠图、粘贴并印制的版画。

哇，真漂亮！

用厚纸张抠图、粘贴并印制的版画。

167

手,妙趣横生的手

左手有五根手指,右手也有五根手指,

吧唧吧唧吃橘子的时候,

唰唰唰给朋友写信的时候,

都会用到手,

手,是令人感恩的手。

可以是拳头,是剪刀,是包袱,

可以是狐狸,是小猫,是黑鸢,

可以是颈项修长的长颈鹿,也可以是展翅高飞的鸟,

手,可以做许许多多的事。

手,妙趣横生的手。

小拇指

无名指

中指

食指

大拇指

电流传导游戏

吱吱……吱吱……
"哎哟，电流过来了。"
不能眨眼，
不能吸鼻子，
嘴角也不能抽动。
要在捉家未能察觉的情况下传导电流，
"到底把电流传给谁了呢？猜猜看吧！"

如果从两侧同时传来（两侧同时有人捏手）电流，就会触电。

若触电了，游戏要重新开始。

①所有人围成一个圆，坐下。
②用"剪刀石头布"选出捉家，然后盖上被子。
③在被子底下，每个人都和旁边的人牵着手。
④任何人都可以发出电流捏别的小朋友的手。可以把电流重新传给发电者，或者传给下一个人。如果想传给右边的人，就用力捏一下那个人的左手。要悄悄地传送电流，不要被捉家发现。
⑤如果从旁边的人那里接到了电流，可以捏另外一侧小朋友的手，把电流传导出去。

如果没有被子，也可以直接玩。不过，要更加小心，防止被捉家察觉到。

"大米大麦"游戏

喊"大麦"的时候，
要像乌龟一样慢吞吞地行动，
喊"大米"的时候，要像松鼠一样敏捷地行动，
"大麦，大……麦……"
"大米！"

大麦！大麦！
大麦！大麦！
大麦……

快喊"大米"吧。

①两个人面对面坐下，用"剪刀石头布"选出一个人当捉家。
②如图，捉家双手保持棒球手套一样的姿势。
③赢家一边把自己的拳头塞入"棒球手套"包围内，一边喊"大米"或"大麦"。
④听到"大米"后，捉家可以抓住对方的拳头。如果听到的是"大麦"，即使抓到了对方，也没有用。

手指力量对决游戏

"吭哧吭哧……我会先一步抓住你的。"
双方竖起大拇指，比一比，看谁的拇指力气更大？

①如图，两人分别竖起大拇指，其他手指紧握在一起。

②谁先用大拇指把对方的大拇指按倒，谁就赢得比赛。

拍手游戏

啪啪啪……一边唱歌一边拍手。
和朋友玩的时候，每次对掌都很顺利，
跟着节奏换手的时候也很合拍，
果然是好朋友啊。

蓝蓝的天空银河里，有只小白船，
船上有棵桂花树，一只兔子，
小船既没有帆，也没有船篷，
但却划得很好，一直朝着西方国
家行进。

蓝

拍自己的手。

两人右手手背相碰。

蓝

两人右手拍在一起。

天

拍自己的手。

两人左手手背相碰。

空

两人左手拍在一起。

拍自己的手。

银

两人均保持一侧手掌心朝上，另外
一侧手掌心朝下，交叉放好，位置
在上的手掌心朝下，拍对方的手。

两人掌心相对拍手，用左手拍对方
右手，用右手拍对方左手。

河

一人在上方，拍自己的手。另
一人在下方，拍自己的手。

船

一人双手掌心朝下，另一人双
手掌心朝上，互相拍手。

两人掌心相对拍手，用左手拍对方
右手，用右手拍对方左手。这一小
节的动作熟悉之后，下面的环节是
重复以上动作。

猜猜是哪一根手指

用"剪刀石头布"，赢家在输家后背上，用手指戳一下。
输家来猜赢家戳自己的时候，用的是哪根手指，
若猜中，游戏重新开始。
若猜不中，游戏继续，直到猜中为止。

韩式猜拳

土豆

出芽

长叶

锤剪子包袱

①一边唱歌，一边做手势。

出芽（出剪子）。

长叶（出包袱）。

②"锤"和"剪子"出过之后，喊"包袱"的时候，可以出任何手势。在这一环节获胜的人掌握攻击的主动权。

锤（石头）

剪子（剪刀）

包袱（布）

③攻击的时候，赢家可以在"锤""剪子"和"包袱"中选择任意手势，出拳的同时，要大声喊出手势的名称。

④输家负责守卫，如果出拳的手势和赢家一致，则输掉比赛。接受惩罚后，游戏从第①环节重新开始。如果输家出拳赢了，则攻守双方互换身份，游戏继续。

用手吹笛子 1

笛声是悠扬而美好的，
用手吹笛子会发出什么样的声音呢？
呼……呼……什么声音都没出来，只听到大自然在歌唱。

为什么没有声音，只感到头晕！

继续，继续试试看。

①如图，把一只手放在另一只手上，形成90度角。

②把两根大拇指紧紧地并拢在一起，中间留一条缝。

③把嘴对准缝隙的底部，自下而上用力吹气。

用手吹笛子 2

如果把底部手掌的手指展开，再收起，如此反复，就能发出猫头鹰的叫声。

①如图，一只手成弧形，放在另一只摊开的手掌上，用力贴紧。

②两只手慢慢聚拢握紧，中间留有空隙，两根拇指紧紧地并拢在一起，中间留一条缝。

③把两根拇指的关节像小山一样隆起，把嘴对着隆起的关节处吹气。

171

手影游戏

在漆黑的房间里，突然间出现了影子！只要有一支手电筒，就能玩影子游戏。

把手电筒对着墙照射，用手做一些有趣的造型。

兔子

如果把手电筒放远一点，在墙上映出的影子会变大。

鸡

猫

牛

大象

水壶

狗1

狗2

狗3

狐狸

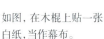

如图，在木棍上贴一张白纸，当作幕布。

黑鸢

这里是影子剧院。

小天鹅

把幕布挂起来，从幕布后面打光，非常有趣。

马

手指编织

①如图,把毛线绕一下,能看到一个孔。

②把毛线的一端插入孔中,用力拉一下,打个结。

③把毛线结套在大拇指上。

④把毛线从食指的外侧绕过,再绕到中指内侧,再绕到无名指外侧,然后绕到小拇指内侧。

⑤把毛线绕到小拇指外侧,然后按照与第④环节相反的绕指方式,沿着反方向绕回食指。

⑥把毛线绕到食指外侧,然后围绕大拇指以外的所有手指,从外侧到内侧绕一大圈。

⑦食指向下弯曲,把在第⑤环节套在食指上的线,穿过向内弯曲的食指,翻到食指外侧。

⑧其他手指也依次按照第⑦环节的方法操作。

⑨小拇指也操作完成后,按照第⑥步骤的方式,再把毛线从外侧到内侧,围绕除大拇指之外的所有手指绕一个大圈。然后不断地重复第⑦、第⑧环节的操作。

⑩编织到一定程度后,摘下套在大拇指上的毛线,继续进行编织。

⑪直到围脖长度与身高相当后,停止编织。把手指从上至下插入套在小拇指上的毛线套内,取下毛线套,抓牢。然后,按照同样的方法,依次取下套在其他手指上的毛线套。

⑫把毛线套全部从手指上取下后,把围脖抻一抻,把两端系牢。

只用手指就织了一条围巾。

编织围巾吊球

多准备几根毛线,全部剪成约5厘米长的小段,把毛线摆放在一起,从中间拴牢,然后用剪刀修剪成圆球状。最后,把圆球拴在围巾的两端,毛茸茸的围巾吊球就做好了。

按手印

在手指肚上,有弯弯曲曲的纹路,
反复端详,令人眩晕,真晕啊!
涂上颜料,按个手印看看吧。
"我的是嗡嗡嗡的小蜜蜂。"
"我的是一头大恐龙。"

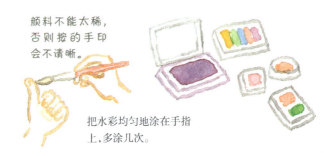

颜料不能太稀,
否则按的手印
会不清晰。

把水彩均匀地涂在手指
上,多涂几次。

把手印按在纸上,用签字笔或
彩色铅笔描线。

猪

蚂蚁

蝴蝶

猫1

樱桃

小鸡

蜜蜂

幼虫

河马

甲壳虫

毛驴

花

树

青蛙

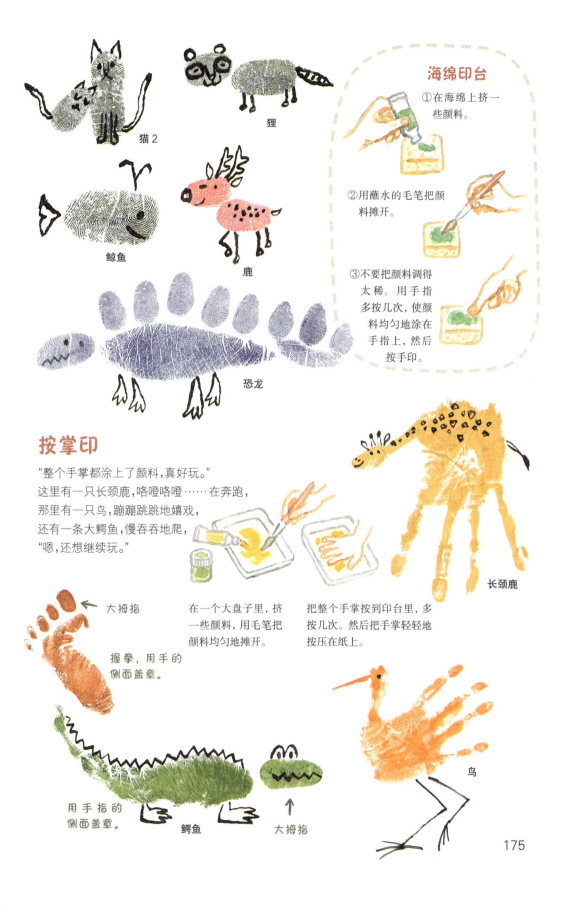

猫2

狸

鲸鱼

鹿

恐龙

海绵印台

①在海绵上挤一些颜料。

②用蘸水的毛笔把颜料摊开。

③不要把颜料调得太稀。用手指多按几次，使颜料均匀地涂在手指上，然后按手印。

按掌印

"整个手掌都涂上了颜料，真好玩。"
这里有一只长颈鹿，咯噔咯噔……在奔跑，
那里有一只鸟，蹦蹦跳跳地嬉戏，
还有一条大鳄鱼，慢吞吞地爬，
"嗯，还想继续玩。"

大拇指

握拳，用手的侧面盖章。

在一个大盘子里，挤一些颜料，用毛笔把颜料均匀地摊开。

把整个手掌按到印台里，多按几次。然后把手掌轻轻地按压在纸上。

长颈鹿

用手指的侧面盖章。

鳄鱼

大拇指

鸟

175

绳子游戏，
千变万化的线绳

能听见我的声音吗？我们玩翻花绳吧，挂了！

线绳的种类繁多，我们用线绳来做个游戏吧。

用一条长线，能打纸杯电话，

能玩有趣的纽扣"拉哨儿"游戏。

线画，能绘出各种漂亮的图案，

翻花绳，能玩一天也不腻。

一边哼唱《小白船》，

一边玩拉锯式翻花绳，

两人亲密地坐在一起，玩翻花绳游戏。

线绳种类繁多，能用它玩很多有趣的游戏，

线绳游戏趣味性强，深受小朋友们的喜爱，

多么千变万化的线绳啊！

纸杯电话

"喂,你好!"
"你好! 能听清楚吗?"
声音沿着线绳传过去了,声音传过去啦!
声音通过长长的线绳传了过去。

哇,听得很清楚啊!
知道了,挂了吧!

①准备两个一次性纸杯,用锥子在底部正中央各打一个小孔。

②把线穿过小孔,为防止线绳脱落,绑一张纸。
③在纸杯内侧底部贴胶带,防止纸张移动。

纸杯电话的"电话线"不能碰到墙,可以用橡皮筋或线绳把"电话线"固定在门把手或椅子上,然后拨打电话。

啊! 啊!

要把线绷直。

对着纸杯,吐字清晰地讲话。

纽扣 "拉哨儿" 游戏

纽扣 "拉哨儿" 在飞快地旋转，
双手向外拉，再向中间聚拢，纽扣快速地转动起来。

①准备一根 1 米长的线，线穿过纽扣的两个孔，把线的两端系上。线不能太细，否则手会疼。

②双手抓住线的两端，朝着箭头的方向摇动纽扣，使纽扣转动起来，线被捻在一起。

③两手向外拉，然后再向中间聚拢，如此反复，纽扣 "拉哨儿" 就会转动起来。

超级陀螺！

双手向外拉，再向内收拢的动作一定要认真操作。

如果纽扣碰到肉，会很疼，要小心操作。

纸片 "拉哨儿" 游戏

裁剪一块厚厚的纸、硬纸板或硬纸壳，用它代替纽扣，来做一个纸片 "拉哨儿" 吧。

1 厘米

①用圆规画几个大小不一的圆。

②在圆的中心位置两侧，用锥子打两个孔，两个孔间隔 5 毫米。

③把几个圆涂上不同的颜色和花纹。

④准备一根 1 米长的线，通过小孔把圆连在线上，把线的两端系牢。

形式多样的 "拉哨儿"

四边形纸片 "拉哨儿"。

瓶盖 "拉哨儿"。

用锤子和钉子在瓶盖上打孔。

蟹壳 "拉哨儿"。

用蟹壳试试看吧。

木勺 "拉哨儿"。

用刀尖在舀冰激凌用的木勺上打孔。

翻花绳之连环扣

准备一根粗细约为 3 毫米的棉线，
剪成 140 厘米长的段。

①把线的两端交叉着搭在一起。　　②如图,在线的两端各打一个结。

③沿着箭头的方向,把线勒紧。

嘻嘻,真好
玩,太有意
思啦。

线画

如果把线夹在纸张中间,会出现什么样的图案呢?
把线弯弯曲曲地盘在纸上,会展现出何等惊艳的线画呢?
"哇,漂亮的线画出炉了!"

①把颜料放入碗中, 加
入水, 颜料不要调得
太稀。放入线,染色。

②准备一张纸,对折,然后展开。把
线盘在纸上,盘出有趣的图案,线
的另一端搭在纸张的外部。

③把纸张重新对折,上面放一本
书,一只手按压书,另一只手
拉动线。

线痕画

如果把不同种类的线印
在一张纸上,
也是一幅很有趣的画。

线画

击掌式翻花绳

两个小朋友，这样撑一下线，那样挑一下线，
"哎呀，好复杂呀！"
再压线，然后勾线，
啪啪啪……手掌拍在了一起。

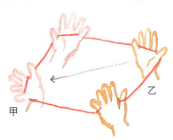 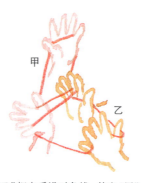 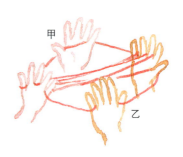

①两人面对面，伸出双手，如图，分别把线撑在大拇指和小拇指上。

②"乙"把右手沿对角线，伸向"甲"的右手，用中指勾起横挂在"甲"掌心的线，向后拉。

③"甲"也把右手沿对角线，伸向"乙"的右手，用中指勾起横挂在"乙"掌心的线，向后拉。

 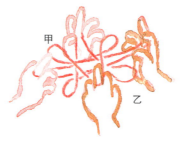 

④两人的左手也分别按照第②和第③环节的方法，伸向对方的左手，用中指勾起横挂在对方掌心的线，向后拉。

⑤两人都保留撑在双手中指上的线，同时，放开撑在大拇指和小拇指的线。

⑥然后向后拉线。击掌式翻花绳的准备工作就完成了。

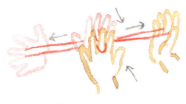

⑦两人同时拉右手时，左手击掌，同时拉左手时，右手击掌。如此交替更换手掌，另外的手掌就会不停地击掌。

击掌

右手啪！左手啪！右手拍拍，左右拍拍。
一边唱着歌谣，一边击掌。
右手和左手交替更换，啪啪啪地拍击手掌。

蓝蓝的天空，银河里，有只小白船……

一棵桂花树，一只小白兔……

拉锯式翻花绳

两个小朋友,这样撑一下线,那样挑一下线,
"呀嘿,虽然有点难,但现在已经学会了。"
再勾线,然后翻线,不慌不忙地拉大锯。

①把线套在两只手的手腕上。

②右手抓住线,在左手手腕上绕一圈。

③左手抓住线,在右手手腕上绕一圈。

④在两只手腕上分别绕一圈线后,就成了图示中的样子。

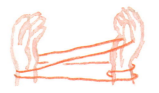

⑤用右手大拇指勾起左手手腕上的线圈,向后拉。

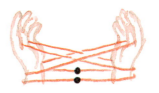

⑥用左手大拇指勾起右手手腕上的线圈,向后拉。另一个人挑起手腕处的线。

⑦"乙"挑起线后向上提拉,套在"甲"手腕上的线被挣脱。"甲"抓住套在大拇指上的线,不要放手。

⑧两人调整手的位置,使每人都拉住对角线的两端。

⑨翻转手臂,以免线绞在一起。

⑩如图,"大锯"花样就翻好了。一推一拉,开始拉锯吧。

拉锯

如果拉右手,就推左手,
如果拉左手,就推右手。

嘎吱嘎吱……拉大锯,
嘎吱嘎吱……拉锯式翻花绳。

双人轮流翻花绳

双人玩翻花绳游戏,玩法永无止境,
可以这样挑线,也可以那样勾线,
只用一根线,能翻出各式各样的花样。真的很神奇,很有趣!

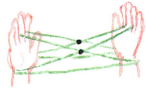

①从拉锯式翻花绳游戏的第④环节开始游戏,用右手中指勾起套在左手手腕上的线圈,再用左手中指勾起套在右手手腕上的线圈,分别向后拉。

②另一人用双手的大拇指和食指分别从外侧抓住标黑点的部位。

③抓住线后,双手向外翻线。

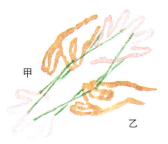

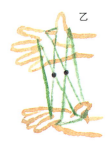

④双手从外向内绕过所在的线,然后自下而上从两条黑点所在的线的中间翻上来。

⑤"乙"抓住线向上翻的时候,"甲"放开手中所有的线。"乙"保持手型不变,向两边拉。

⑥"甲"分别用两只手的大拇指和食指从上方抓住标黑点的部位。

⑦"甲"双手抓线向上提拉,同时向两侧外翻。

⑧"甲"双手抓线,往两条黑点所在的线的中间,自下而上穿上来。

⑨"甲"抓住线向上翻,同时两边拉。"乙"放开手中所有的线。

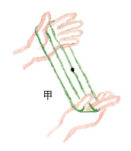

⑩"筷子"花样就翻好了!"乙"用左手小拇指勾起黑点所在的线,向上提拉。

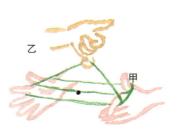

⑪"乙"用右手小拇指也勾起黑点所在的线,向上提拉。

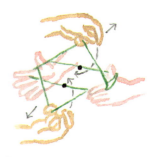

⑫"乙"双手向外翻至黑点所在的线下面,用两手的大拇指和食指自下而上分别撑起黑点所在线,保持小拇指手型不变。

⑬"乙"保持手型,向两侧拉线,"甲"放开手中所有的线。

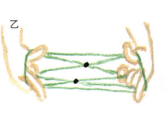

⑭"织布机"花样就翻好了。"甲"分别用两只手的大拇指和食指抓住标黑点的部位,向外翻。

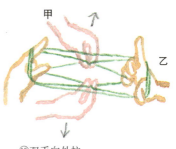

⑮双手向外拉。

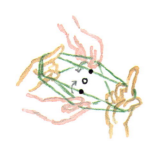

⑯"甲"双手抓住线,自下而上绕过标记黑点的线,从两条线中间白点的位置向下压线。

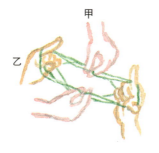

⑰"甲"保持手型,向两侧拉线,"乙"放开手中所有的线。

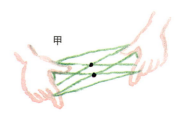

⑱"围棋棋盘"花样就翻好了。"乙"分别用两只手的大拇指和食指从上面抓住标黑点的部位。

⑲"乙"双手轻轻提起,向两侧翻。

⑳"乙"双手抓线从外侧绕到两条黑点所在线底部,再从两条线的中间,自下而上穿上来。

㉑"乙"双手向两侧外翻。"甲"放开手中所有的线。

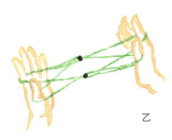

㉒"牛眼珠"花样就翻好了。"甲"分别用两只手的大拇指和食指从上面抓住标黑点的部位。

㉓"甲"双手抓住线,四个指尖聚在标○位置后,同时向上翻,使黑点所在的线分别挑在手指上。

㉔"甲"四指分开,双手向两侧外翻。"乙"放开手中所有的线。

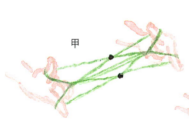

㉕"青蛙"花样就翻好了。"乙"分别用两只手的大拇指和食指从上面抓住标黑点的部位。

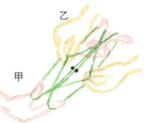

㉖"乙"双手从外向内绕到黑点所在的线底部,四指聚拢,自下而上插入两条线中间。

㉗"乙"四指分开,双手向两侧外翻。"甲"放开手中所有的线。

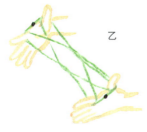

㉘再次出现"牛眼珠"花样。"甲"用双手小拇指分别挑起黑点所在的线。

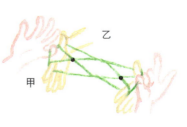

㉙"甲"分别用两只手的大拇指和食指从上面抓住标黑点的部位。

184

㉚ "甲"双手抓住线,四个指尖自下而上聚在标○位置后,然后同时向上翻,使黑点所在线分别挑在手指上。

㉛ "甲"四指分开,双手向两侧外翻。"乙"放开手中所有的线。

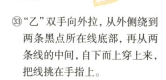

甲

乙

甲

㉜ "长鼓"花样就翻好了。"乙"分别用两只手的大拇指和食指从外侧抓住标黑点的部位。

中间图示:要抓住勾在小拇指上的线和另外的线交叉在一起的部位。

㉝ "乙"双手向外拉,从外侧绕到两条黑点所在线底部,再从两条线的中间,自下而上穿上来,把线挑在手指上。

㉞ "乙"四指分开,双手向两侧外翻。"甲"放开手中所有的线。

㉟ 再次翻出"筷子"花样!从第⑩环节开始,继续玩翻花绳游戏。

这么玩下去,永无止境。

越玩越有意思。

185

纸,玩法多样的纸

小朋友们,带上纸,出来集合啦! 用纸来做游戏吧。

可以带报纸、彩纸,或图画纸,

废纸,或新纸,

厚厚的,或薄薄的纸,

光滑的,或粗糙的纸。

可以玩剪纸、折纸或贴纸,

可以做方宝、风车、飞机和陀螺,

摔方宝,放飞机,转风车,

或撕,或摇,或撒,或摔,

纸的玩法多种多样,

纸张游戏使小朋友们笑逐颜开。

"撕报纸"游戏

报纸上密密麻麻地印满了文字，用报纸来做游戏很有趣。

报纸被撕开后，看看谁撕开的报纸条最长。

报纸是有纹路的，横着不容易被撕开，竖着撕就很容易。

在规定的时间内把报纸撕成条，要求中间不能断掉。比一比，看谁撕的报纸条最长。

把撕开的报纸条再撕成碎片，然后扬撒纸片，就像下雪一样。

报纸绸带体操

把撕开的长纸条粘在用报纸做的"棍子"上，来做绸带体操吧。

"报纸棍"

准备五张报纸，仔细地叠放在一起，然后卷成棍状，再缠上胶带。

"报纸粥打靶"游戏

把碎报纸放入盛满水的大盆里，报纸粥就做好了！在墙上画一个靶子，把报纸粥攒成团儿，朝着靶子扔出去。

用一张纸叠方宝

用家里的饼干盒或报纸等废纸,来叠一个方宝吧。

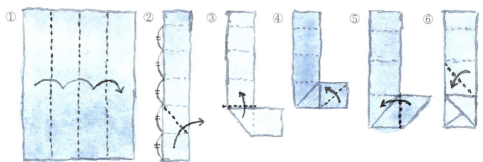

①把纸连续折叠几次,折成长条。

②要保证能在长条纸上折出五个以上的正方形,如图,沿第二个正方形的对角折折纸。

③沿虚线向上折纸。

④如图,沿虚线对角线折纸。

⑤沿虚线,向内侧折纸。

⑥如图,把纸条沿虚线向下折纸。

⑦沿虚线向下折纸。

⑧沿虚线对角线折纸。

⑨把标有斜线的部分剪掉。

⑩把标白点部分插到标黑点的纸张下面。

用两张纸叠方宝 ❶

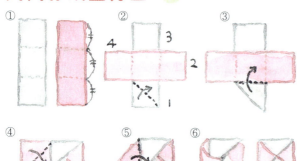

①准备两张纸,要求竖直边长的长度是横向边长的三倍。

②两张纸成十字形叠放,把标1部分沿对角线折叠。

③沿虚线折纸。

④把标2、3部分依次按照第②、③环节的方法折纸。

⑤把标4部分,沿对角线折纸。

⑥把标4部分的角插到最先折好的标1部分下面。

188

用两张纸叠方宝 2

①准备一张正方形纸,对折。
②再准备一张同样的纸,对折。
③两张纸的两端均沿虚线对角线折叠。
④两张纸成十字形叠放,按照 1、2、3 的标记顺序,依次沿虚线向内折纸。
⑤把标 4 部分的角插到最先折好的标 1 部分下面。

摔方宝 1 （把其他方宝震到圆的外面）

想要赢得别人的方宝时,心情忐忑不安,
担心别人赢得自己的方宝时,也提心吊胆。
当自己的方宝被别人吃掉后,感觉很失落。
即便这样,方宝游戏还是有趣的。

在地上画一个圆,把方宝放入圆内。
小朋友们按照参加游戏的顺序,依次摔打圆内的方宝,
被震到圆外的方宝归自己所有。

摔方宝 2 （使其他方宝翻面）

①用"剪刀石头布"决定参加游戏的顺序。
②除去第一个摔方宝的人以外,其他人都掏出一张方宝,放在地上。
③第一个摔方宝的人用自己的方宝摔打地上的方宝,使地上原有的方宝翻面。
④如果方宝翻面了,那这个方宝就归自己所有,游戏继续。如果没有翻面,自己的方宝也留在地上,轮到下一个人摔方宝。

你想打我的方宝吗?

掷方宝

确定投掷方宝的起点线,
向外投掷方宝。
谁把方宝掷得最远,
地上的方宝都归他所有。

谁的方宝掷得最远,谁就可以拥有地上所有的方宝。

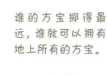

纸风车 1

飞速旋转的风车，
滴溜溜地旋转的风车，
迎风旋转的风车，
哈哈，我们是风的制造者。

正方形纸

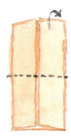

①左右两侧分别沿虚线
　对折。

②沿虚线向后折纸。

③再沿虚线对折后，
　展开。

④四个角沿虚线
　折纸后，展开。

⑤把上面一层纸按照箭头
　的方向展开，然后按压。

⑥反面也按照第⑤
　环节的方法折纸。

⑦把折纸的底部展开，如图，两侧分别沿虚线折纸，
　风车的翅膀就折好了。

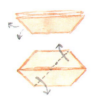

⑧用图钉把风车固定在木
　头筷子上。

纸风车 2

①如图，按照比例，
　把四个角沿对
　角线剪开。

②用图钉在纸的正中央
　和四个角中线的同一
　侧各按压一个小孔。

③用图钉依次穿过四
　个角上的小孔，把
　角连接起来。

④再把图钉压入
　纸中间的小孔。

 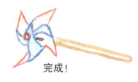

⑤把图钉按压在木
　头筷子的顶端。

完成！

手指风车

◄4厘米►

①准备两块正方形厚纸板
　如图，分别沿对角线把角
　剪开，剪至纸板中心点。

②把两张纸板的开口交
　叉插入，叠放在一起。

③如图，用大拇指和
　食指拿起纸板，朝
　着纸板侧面吹气。

呼……
呼……
呼……

190

纸陀螺 1

转起来啦,纸陀螺滴溜溜地转起来啦!
"看看谁的陀螺转动的时间最久?"
"呼……呼……我得让我的陀螺转动的时间最长。"
几个纸陀螺一起转动起来,好壮观啊!

要仔细地缠起来。

①多剪几段宽幅为1厘米的纸条,再把剪断的纸条用胶带粘起来。

②用胶带把纸条的一端和牙签粘在一起。

③缠紧后转动牙签,把纸条缠在牙签上。

④纸条全部被缠在牙签上之后,用胶带粘住。把牙签的一端磨短,尖头磨秃。

纸陀螺 2

①用圆规在厚纸板上画圆。

②用剪刀把圆剪下来,然后在正中央打个孔。

③把牙签插入孔内。

④纸板下面露出的牙签要比纸板上面的短。

⑤在牙签和纸板接触的位置涂抹黏合剂。

做几个颜色和花纹各不相同的陀螺。

来一场比赛,比一比,看谁的陀螺旋转的时间最长。

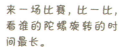

191

用木头筷子制作纸片弹弓

嗖……嗖……纸片弹弓速度超快!
子弹劈风而行。
"嘻嘻,我们用纸片弹弓
来捉个麻雀看看吧?"
"麻雀捉你还差不多,
还是来打易拉罐吧!"

制作弹弓

在木头筷子上拴一根橡皮筋,
一定要拴紧,防止脱落。

纸做的子弹
把纸张裁成各种形状,
在上面挖槽。

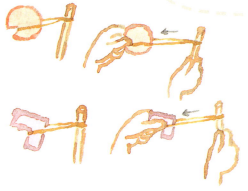

子弹飞行的速度特别快,
千万不能对着人弹射。

①把橡皮筋挂在纸片子
　弹的槽上。

②用手同时抓住纸片子弹
　和橡皮筋,向后拉。

③弹弓的头部略微向下压,松手,
　射出子弹。

手指纸片弹弓

← 8厘米 →

①把纸张卷起来。

②把纸卷从中间对折。

③把橡皮筋撑在大
　拇指和食指上。

④把纸卷子弹挂在橡
　皮筋上,另一只手
　抓住纸卷,向后拉,
　然后松手,射击。

把易拉罐摆成一排,
然后开始射击。

彩纸王冠飞机

①把彩纸沿虚线对角线对折，然后展开。

②如图，把彩纸下面的一角向上折，使角与对角线折痕相接。

③如图，再向上折纸，使底边与对角线重叠。

④如图，继续向上折纸，使底边与对角线重叠。

⑤把彩纸重新展开。

⑥沿着第⑤环节的折痕，按照向上、向下，再向上，再向下的方式折纸。

⑦把纸张反过来，抓住底部弄成弧形。

⑧如图，用胶水或胶带把两个角粘在一起。

折叠部分朝前，放飞纸飞机。

白纸王冠飞机

①准备一张长方形纸，沿虚线折纸。

②从底部开始向上折纸，使折叠部分的宽度约为1厘米。右侧的折叠宽度略小于左侧。

③用同样的方法，再折叠三次。

④把底部折叠部分的两端弄成圆筒。

哇，飞得好快呀！

⑤把折叠部分弄成弧形，然后把略微细一些的右侧纸筒插入左侧。

⑥插好之后，王冠飞机就做好了。

⑦底部圆形部分朝前，放飞纸飞机。

朝着树干放飞飞机。

王冠飞机游戏

确定目标物，然后放飞飞机，击中目标。

像传球一样，小朋友轮流接住飞机，然后再放飞飞机。

尖头飞机

尖头飞机可以飞很远，
嗖嗖嗖……滑翔着飞向远方。

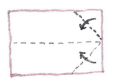 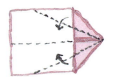 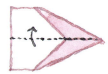 

①如图，以中间线为基准，把两个角沿虚线向内折叠。

②再沿虚线向中间线折叠。

③把纸张沿中间线对折。

④把两侧的翅膀沿虚线分别向外折。

⑤翅膀与机身成垂直角度，保持飞机平衡。

完成！

不能对着人放纸飞机。

制作子弹飞机

①用锥子在飞机机身处打孔。

②用橡皮筋穿过小孔。

③把橡皮筋固定在小孔处，勒紧。

④用一根木头筷子轻轻地挂在橡皮筋上，一只手抓住飞机机身，一只手沿反方向拉筷子，放飞飞机。如果没有筷子，可以用食指代替。

放纸飞机

谁的飞机飞得更高？
谁的飞机飞得更远？
谁的飞机飞得更久？
我的纸飞机要晚一会儿着陆呀！

加油！

谁的飞机能飞得更高，更久呢？

要离远一点观察，才能知道谁的飞机飞得更高。

谁的飞机飞得更远？

哼，它又飞回来了！

三角飞机 ①

 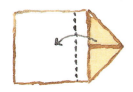

①如图，以中间线为基准，把两个角沿虚线向内折叠。

②沿虚线，向内折叠。

③以中间线为基准，把两个角沿虚线向内折叠。

④把中间多出来的一角，按照箭头的方向折叠。

⑤把纸翻过来，沿中间线向内对折。

⑥如图，把两侧的翅膀分别向外折。

⑦翅膀与机身成垂直角度，保持飞机平衡。

完成！

三角飞机 ②

①从三角飞机 ① 的第④环节继续折纸，如图，把机身前面的角也按照箭头的方向折叠，然后把飞机翻过来，沿中间线对折。

②把两侧的翅膀分别向外折。

③翅膀与机身成垂直角度，保持飞机平衡。

完成！

鱿鱼飞机

  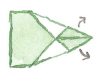

①如图，以中间线为基准，把两个角沿虚线向内折叠。

②把纸翻过来。

③以中间线为基准，把两个角沿虚线向内折叠。

④折好后，把两个角展开。

⑤如图，沿虚线对折。

⑥把纸张沿中间线对折。

⑦把两侧的翅膀分别向外折。

⑧翅膀与机身成垂直角度，保持飞机平衡。

完成！

敲敲打打开工啦，
可以足足玩一整天

绿头鸭

公鸭

母鸭

斑嘴鸭

公鸭

母鸭

公鸭和母鸭很相似。

来玩吧，来玩吧，孩子们出来玩吧！

环顾四周，到处都是可以玩的东西。

滚来滚去的泡沫箱和硬纸壳箱，

都是很棒的玩具。

变身为鸟和水蝇的泡沫玩具，

滑溜溜的纸壳箱滑板。

用硬纸壳箱搭建的房屋，

门很小，窗户也小，可它们组成了小而精致的家。

吃力地爬行，却找不到出口的硬纸壳箱迷宫，

硬纸壳箱闪亮地变身为各种玩具，

自己做的玩具，玩起来更有意思。

针尾鸭

公鸭

母鸭

绿翅鸭

公鸭

母鸭

公鸭

琵嘴鸭

母鸭

公鸭

赤颈鸭

母鸭

母鸭

红头潜鸭

公鸭

公鸭长得都很像。

普通秋沙鸭

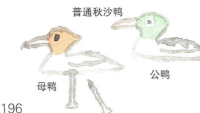

母鸭

公鸭

凤头潜鸭

公鸭

母鸭

漂浮的野鸭们！

在寒冬的冬季里，你们过得还好吗，野鸭们？
"冬天过去了，现在我们要飞回遥远的北方了。"
"好遗憾啊，我们会去给你们送行的。"
孩子们，在它们离开之前，我们来做一些野鸭吧！
"我们先来认识一下绿头鸭、绿翅鸭、
针尾鸭和红头潜鸭等野鸭子。"

泡沫箱

钉子

①用铅笔在泡沫板上画鸭
子的轮廓，然后用剪子剪
下来。

②用油性笔给鸭子涂上
颜色。

③在鸭子的肚子上插一根
钉子。

④在大盆内盛
满水，把鸭子
放入水中。

绿头鸭！
绿翅鸭！　　针尾鸭！

野鸭们，再见！

左摇右摆的喜鹊！

喜鹊生活在我们的身边，和我们很亲近，
喜鹊叫了，就会有客人上门，
嘻嘻，所以我很喜欢喜鹊。
制作一只喜鹊，来玩一玩找平衡游戏吧？
把热情的喜鹊放在指尖，喜鹊会左摇右摆，
"哇，好神奇呀！再做另外一种鸟来玩一玩吧！"

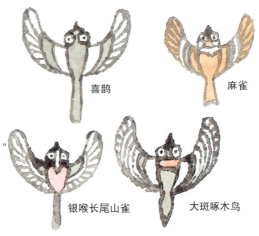

喜鹊　麻雀

银喉长尾山雀　大斑啄木鸟

①把纸对折，如图，在
其中半张纸上画出
半只鸟的轮廓。翅
膀延伸的高度要高
于鸟嘴。

②用剪刀沿着线条
剪下之后，把纸
展开。

③把剪下来的鸟用胶
水粘在泡沫板上，然
后连同泡沫板一起
剪下来。

我要做只
啄木鸟。

我要做
只麻雀。

④用广告颜料涂上颜色。

⑤翻过来，用双面胶在两
个翅膀的顶端粘上废
电池或磁石。

哎呀！看不到
前面了。

确定目的地，然后把喜鹊顶在鼻尖上。比一比，
看谁能顶着喜鹊快速地往返。如果中途喜鹊
掉下来，要把喜鹊在原地顶在鼻尖上，然后继
续往前走。

密密麻麻的水蝇

在水面上密密麻麻地漂着水蝇，水蝇很轻却很多，跳来跳去。
"嘻嘻，泡沫水蝇也漂浮在水面上。"

①在泡沫板上画出三个水蝇的身体和四只脚，用剪刀剪下来。

②用油性笔把其中的一个身体和四只脚涂上颜色。

③用双面胶把剩余的两个水蝇身体粘在涂有颜色的水蝇身体下面。

④如图，把牙签或细树枝的一端斜着插在水蝇身体下方，另一端插在水蝇的脚上。

呼……呼……用嘴吹气，谁的水蝇最先到达鸭子所在的位置，谁就赢得比赛。

⑤放入水中。

多种多样的羽毛

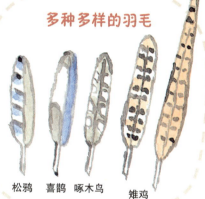

松鸦　喜鹊　啄木鸟　　雉鸡

硬纸板羽毛发带

①把硬纸板裁成宽约4厘米，长度和头围相当的长条，画上花纹。

②把硬纸板条弄成圆形，两端用胶带粘好。

③把纸张剪成羽毛形状，涂上颜色，反面也涂上同样的颜色。

④找一根吸管，用透明胶粘在羽毛状纸片上。

⑤把羽毛插在硬纸板发带上。

我是北非的土著居民。

我是新罗时代的花郎（军人）。

硬纸板滑板

嗖……嗖……好滑呀!
硬纸板滑板是滑溜溜的。
硬纸板滑板很结实,玩了几次后依旧安然无恙。
在坡地上玩会更加刺激!

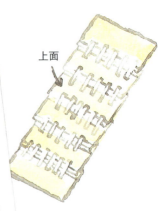

上面

①准备五个大小相同的硬纸板
箱子,如图,用刀沿箱子棱裁
开。

②把硬纸板展开后,用胶带把所
有未能连在一起的部分从正
反两面都粘上。五个纸箱都这
样处理。

③把第②环节处理好的五个硬纸板用
胶带牢牢地粘好,使上面的硬纸板
各微压住下面的硬纸板。然后翻过
来,在连接部位粘上胶带。

④把最上面的硬
纸板向上折叠
一小条,用胶带
粘好。

⑤再翻过来,如图,
在第④环节粘好
的地方插入一根
木棍。

⑥把硬纸板滑板铺在斜坡地
上,然后把滑板拴在树木
或木桩上,防止滑板自行
滑下去。

呀!在斜坡草地上
玩硬纸板滑板,简直
太棒了!

硬纸板雪橇

呀吼！坐在硬纸板雪橇上，嗖嗖嗖地
滑了下去。
硬纸板雪橇比真正的雪橇还要好玩，
滑草场比滑雪场更刺激，
硬纸板雪橇在草丛间快速滑行。

①把硬纸板箱的所有盖子
都向内折叠。

②把纸箱向旁边倾斜，
然后，压扁。

③在一端拴根绳子，然后把
两边的缝隙用打包胶带
缠好。

④把拴有绳子的
一端略微向上
折叠，使它竖
起来。

太爽啦！再把滑
板弄宽一点吧。

201

硬纸板小汽车

突突突……突突突……小汽车跑起来了!
"这是我做的硬纸板小汽车!"
"嘿嘿,比跑车还要酷,还要帅!"
闪闪发光的小汽车,哐当哐当……
从汽车变身为火车,
硬纸板火车跨过银河系,驶向月亮王国!

我要做一辆称心如意的车。

这是我自己做的,所以更帅气!

快跑!快跑!嘀嘀……

都小心点,不要撞车!

保持距离,小心驾驶!

嘟嘟……小汽车跑起来啦!看看哪辆车最先跑到终点,嘀嘀……快跑,快跑起来!

单人小汽车

把手

①把硬纸板箱上面的盖子全部竖起来,用胶带粘在一起。图中画斜线的部分向内折叠,然后再和旁边的盖子粘在一起。除去底部所有的盖子。

②抠两个把手。在硬纸板上画车轮,然后抠下来,用双面胶粘在箱子两侧的底部。

③用油性笔和颜料装饰车身。

双人小汽车

把手

①把硬纸板箱上面的盖子沿虚线剪开,除去底部所有的盖子。

②把箱子上面盖子剩余的部分用胶带粘在一起,然后在两侧分别抠出把手。在硬纸板上画车轮,然后抠下来,用双面胶粘在箱子两侧的底部。

③用油性笔和颜料随心所欲地装饰车身。

"开火车"游戏

把小汽车连接在一起，就变成了长长的火车。
哐当……哐当……

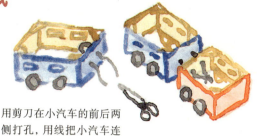

用剪刀在小汽车的前后两侧打孔，用线把小汽车连接起来。

去哪啊？

去月亮王国。

连毛毯障碍物都能翻过去，真是太好玩啦！

看看谁滚动得更快？

硬纸板履带

咕噜……咕噜……滚动吧，滚动起来！
永无休止地滚动吧，滚动起来！
硬纸板履带滚动得非常流畅。

①准备两个硬纸板箱，把其中一边切开，然后把箱子展开。

②用包装胶带把两个箱子连接在一起，把所有分开的部位全部牢牢粘好。

③然后把两端粘在一起。

203

用硬纸板搭建房屋

只要有硬纸板,就能盖一栋大房子。
房子有一扇大大的门,方便我们自由进出,
欢迎,欢迎,来我家做客吧!

 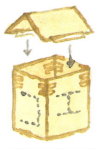 

①如图,把硬纸板箱上面的盖子竖起来,然后用包装专业胶带连接在一起。再裁剪一块硬纸板,用作屋顶。

②用刀子在箱子上抠出门和窗,把屋顶放在纸箱上面,用胶带把内外的连接处粘好。

③用油性笔和颜料装饰房屋。

硬纸板两层小楼

①大箱子用来盖一楼,小箱子用来盖二楼。在一楼大箱子的盖子上沿虚线把中间抠掉。除去二楼箱子底部的盖子,把底部的四个角用胶带粘牢。

②如图,沿虚线抠出门和窗,把小箱子摆在大箱子上,然后用胶带把内外的连接处粘好。

③用油性笔和颜料装饰两层小楼。

硬纸板大树

在硬纸板上画大树和半圆形的底托,然后剪下来。在大树底部和底托上各抠一个槽。

把大树和底托的槽成十字形卡在一起。

硬纸板商店

把标线的部分剪开,然后朝下折,当作货架搁板,底部垫个箱子或者书籍,小商店就装修好了。

我们要盖一座与众不同的房子。

204

硬纸板机器人

①用小的硬纸板箱当作头，大的硬纸板箱当作身体。如图，沿虚线剪裁纸箱。

②把头连在身体上，用胶带牢牢地粘好。

③再裁剪一些硬纸板粘在上面，然后用油性笔和颜料装饰机器人。

这是硬纸板刀！

没有什么东西是不能用硬纸板做出来的。

过隧道障碍物比赛

用长度相同的箱子制作两条隧道，
小朋友们分成两组。
像鼹鼠一样在隧道内慢慢爬行，
绕过前面的小箱子，再爬回去，
最先回到起点的人赢得比赛。

硬纸板迷宫

在前面的小箱子处绕一圈，再回来。

硬纸板迷宫

在硬纸板箱子上面抠一些洞，
打造一个让人晕头转向的迷宫，好玩又刺激的迷宫。

①在硬纸板箱的两侧抠洞，方便小朋友爬进爬出。

需要很多大大的硬纸板箱子。

②把两个箱子连接在一起，用胶带牢牢地粘好。

③继续连接其他箱子。

像鼹鼠的洞穴。

继续连接其他箱子。

哇，是硬纸板迷宫！

杜松

树木，四季常青的树

侧柏

松针　松针

桧柏

雪松

寒风呼啸，白雪皑皑，

在寒冷的冬季，鼻头也都冻僵了。

寒冷把一切都冻住了，

只有常青树依然挺拔。

任凭凛冽的寒风吹打，

常青树依然傲立雪中，

威风凛凛，郁郁葱葱。

因为有常青树的存在，

我们也变得朝气蓬勃，

瞬间忘却了寒冷，

在冬日里兴致勃勃地玩耍。

赤松

鱼鳞云杉

松鼠吃剩下
的松果。

刚松

朝鲜冷杉

种子尖　种子

红松的果实

松叶散发
着香气。

北美乔松的果实

矮紫杉

杉松

"松果打靶"游戏

"我找来了十个松果。"
"我们把树干当靶子，来玩松果打靶游戏吧。"
"嘻嘻，我的十个松果要弹无虚发啊。"

松果"扔坑儿"游戏

加油！加油！加油！
把松果扔到巢穴里。
扔的时候不能踩线，
谁投进去的松果数量最多呢？

"松果射门"游戏

"我负责攻击！""嗯，那我来守门！"
在两棵并排的树木正前方的地上放一个松果，
如果松果从两棵树之间穿过，就算进球。
看看谁进球的数量最多。

松果足球

①②③
④⑤⑥

①赤松　②黑松　③刚松　④红松
⑤北美乔松　⑥针松

制作松叶巢穴

赤松的底下有厚厚的一层干松叶，
用脚把松叶踢成一堆，
然后再把松叶堆从中间扒开，
就成了漂亮的松叶巢穴！

在松叶巢穴里玩
松叶"拔老将"游
戏，真好玩啊。

一会儿工夫，松叶
就被堆起来啦。

松仁儿火把占卜游戏

在正月十五当天,通过松仁点火游戏,
可以预测一年的运势。
如果松仁儿燃尽,那么这一年运势亨通;
如果松仁儿未能燃尽,那么这一年的运势不会太好。
信不信由你,我们只是觉得有趣才玩的,
由于火很危险,要在大人的陪伴下做这个游戏。

松子

松针

折一根松针,
把松仁儿插在
顶端,然后把
松仁儿点燃。

我可不信这个。

要做十二个,来
预测一下十二
个月的运势。

松仁儿火把送祝福游戏

祈祷别人越来越好的话叫祝福语,
主要在新年之际互相送祝福的时候说。
准备几句祝福语,
大家围坐在一起,点燃一个松仁儿火把,
依次传递。
接到火把的人说句祝福语,
然后把火把传递给旁边的人。
如果火灭了就要接受惩罚,
所以要赶紧把火把传递出去。

啊……熄灭了!

越来越漂亮!

要怎么惩罚呢?

"投掷矮紫松果"游戏

矮紫杉的果实是红火火、圆滚滚的,
果实长得漂亮,味道也很不一般。
稍等! 黑色的种子是有毒的,
千万不能吃!
既然矮紫松的果实不能吃,
那就把它扔得远远的,来一场比赛,
看谁扔的距离最远!

嗖……

噗……

咻……

好吃!

"松果高尔夫"游戏

在地上画一个圆,要把松果打进圆内,
需要用木棍击打松果,把松果送入圆内。
准备十个松果,看谁打入圆内的松果数量最多。
如果小朋友分成两组来玩游戏,也是很有趣的。

松叶对决

笃笃笃……笃笃笃……松叶之间的较量，需要通过手指轻轻地敲击纸箱来实现。

"松叶对决，不是靠个头大或者力气大，来赢得比赛。"

①刚松的松叶有三根松针，红松松叶有五根松针，让每根松针的末端都分开一段距离，然后倒过来立住。

②在一个宽大的纸箱子上画一个圆，作为比赛场地。

③在圆内竖立两根松叶，然后用手指轻轻敲击箱子，把对方的松叶震到圆的外边，或使其倒下。

如果在户外做这个游戏，因为有风，松叶很容易倒下，最好在室内玩。

笃笃笃……

"松枝稻草人" 对决比赛

①除去其他松叶，只保留松枝顶端的松叶。

②把留下的松叶沿虚线剪齐。

③如图，在松枝上端横向固定一根松叶，松枝稻草人就做好啦！

加油！

笃笃笃……

④制作两个松枝稻草人，把它们立在纸箱子上的竞技场内，开始比赛吧。

"松叶赛马" 游戏

①准备两片双松针的松叶，用图钉在四根松针相同高度的部位各打一个孔。

②另外准备一片松叶，如图，把松针穿过小孔，制作松叶骏马。制作两匹松叶骏马。

③把两匹骏马放置在纸箱子上的竞技场内，然后用手指轻轻地敲击纸箱，把对方的松叶骏马震到圆的外边，或使其倒下。

"松叶射箭" 游戏

"嗖嗖嗖……帅气的松叶弓箭！虽然短小，射程却很远。"

"由于短小而轻便，可以在房间里玩。"

要多练习几次，才能把箭射得很好。

①用图钉在一根松针上打个孔。

②把另一根松针的末端插入孔内，松叶弓箭就做好了。

③再摘一根松针，当作弩箭。

④把弩箭搭在弓弦上，轻轻地拉弓，然后把箭射出。

209

"松叶稻草人" 对决比赛

①准备一些松叶，也可以是晒干的松叶。

②把松叶攥在手里，根部朝着一个方向，对齐。

③再找一片松叶，横着插入松叶根部，然后紧挨着这片松叶，用橡皮筋把所有的松叶捆起来。

④把松叶的顶端修剪整齐。

⑤再找来一片树叶。如图，裁剪一下，然后在上面画眼睛、鼻子和嘴巴。把树叶插入松叶根部缝隙，松叶"稻草人"就做好了。

⑥制作两个这样的松叶"稻草人"，把它们立在纸箱上面的竞技场内，用手轻轻地敲击纸箱，开始比赛吧。

笃笃笃……

松枝笤帚和松叶毛笔

又细又尖的松叶，能用来做什么呢？做一把笤帚，用来扫地。也可以做一支毛笔，用来写字。

松枝笤帚

要用笤帚把地面打扫干净。

要像真正的毛笔一样，蘸点颜料再画画。

①准备松叶和细木棍。

②把松叶摆放整齐，然后把细木棍插在里面，用绳子绑牢。

松叶项链

把一串串的松叶项链戴在脖子上，小伙伴们都变得时尚了。

比一比，看谁做的项链最长。

叶鞘
①准备一些叶鞘结实的松叶。

②抓住叶鞘，拔掉一根松针。

③把松针的末端插入叶鞘，就成了一个环。

④如图，继续把其他松叶穿成串。

210

大叶黄杨树叶秤

大叶黄杨树叶秤在摇摆中找到平衡,很有意思。

①如图,在大叶黄杨树叶上插上两片松叶。

②按照相同的方法,再做一个。

③准备一根细细的树枝,横着挂在一片松叶上。把大叶黄杨树叶分别挂在树枝的两端。

④一边找平衡,一边往树叶上放置南天竹果实。

南天竹

小叶扶芳藤

大叶黄杨

小叶黄杨

大叶黄杨树叶风车

大叶黄杨树叶风车滴溜溜地转动起来啦!

①准备一根草秆,剪断。如图,把草秆插在大叶黄杨树叶上。

②用大拇指和食指抵住草秆的两端,吹气。

用南天竹果实掷标枪

"用南天竹的果实和叶子做一个标枪。"
"嗖嗖……谁能把标枪投得更远呢?"

①把果实插在叶柄的末端。

②用食指和中指夹住叶柄,投掷出去。

呼!
呼! 呼!

圣诞树

期待已久的圣诞节！
闪闪发光的圣诞树！
承载着温情的圣诞节卡片！

松果圣诞树

①用广告颜料把松
果染色。

②用胶枪把松果和瓶盖
粘在一起。

③把厚纸板做的星星和南天
竹果实粘在松果上。

南天竹圣诞树

①把松枝上的松
叶剪短。

②把松枝插在用赤松
树皮做的底托上。

③在松叶的末端涂抹木
工胶，然后把南天竹
的果实打个孔。

④把南天竹的果实插在松叶末端，
南天竺圣诞树就做好了。

北美乔松圣诞树

北美乔松

①把松树塔打理得端端正正，用广告颜料染色。

②用刀修整赤松树皮，制作底托。把松树塔用木工胶粘在底托上。

③用木工胶把纸板做的星星和南天竹果实粘在上面，装饰松树塔。

把它作为礼物送给小朋友。

桧柏圣诞树

①把散乱的树枝打理得整整齐齐，再用赤松树皮做个底托，上面打个孔，然后把桧柏树枝插在孔中。

②把彩色泡沫球用木工胶粘在上面，装饰圣诞树。

好漂亮的圣诞树！

眨眼的工夫，就做好了五棵圣诞树。

圣诞树卡片

载满温情的圣诞树卡片，把它送给谁呢？

①在侧柏树叶的背面涂抹木工胶。

②把侧柏树叶粘在卡片上，按压一会儿。

③用彩纸把树叶装饰得漂漂亮亮。

213

装饰圣诞节

只要有松枝、松果和矮紫松果实，
就能装饰出世界上最闪亮的圣诞节。

用松枝装饰圣诞节

①在松枝上拴一根
线，打一个结。

细铁丝

松果

②在松果的根部缠上细
铁丝，然后把松果和矮
紫松、桧柏及野蔷薇果
实都绑在松枝上。

矮紫松   桧柏

野蔷薇

用侧柏树装饰圣诞节

①把厚纸板裁剪成直径15
厘米、宽幅1.5厘米的圆
环。然后在圆环的顶端
用透明胶布缠上一根线，
在线上打一个结，便于把
圆环挂在墙上。

②在侧柏树叶的背面涂抹木工胶，粘在硬纸
板圆环上，要把树叶叠加着粘好，不要留
有缝隙。

③再把白色绸带做的蝴蝶结
和南天竹果实粘在上面，
装饰圆环。

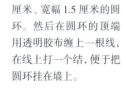

即使只把几根常青树
树枝扎在一起，也是
一件漂亮的装饰品。

即使只把松
果粘在上面
也很好看。

用松果装饰圣诞节

①从前面用侧柏树装饰圣诞节的环
节开始，先裁剪厚纸板圆环，然后
粘好一个线绳做的结。

②用胶枪把松果粘在硬纸板
圆环上。

③把松果粘满整个圆环，
上面再粘一些南天竹果
实点缀一下。

用常青树装饰圣诞节

"小伙伴们,我们在村子里找找常青树吧!"
"要找遍公寓、公园和后山。"
"带回一些常青树的树枝,
好好装饰一下圣诞节吧!"

我们把村子里的常青树都带过来啦。

除去树枝上的枝杈。

①如图,把树枝弄成圆环,然后用细铁丝捆好。

②用细铁丝把松果缠一缠,然后固定在圆环上。

③用细铁丝把常青树的树枝绑在圆环上。

一捆矮紫杉

一捆小叶黄杨

一捆杜松

一捆小叶扶芳藤

北美乔松松枝

红松松枝

圆柏树枝

大叶黄杨树枝

松枝

215

观察冬季夜空的星座

观察疏散星团（昴宿星团）

冬季的夜空格外晴朗，
星星也特别闪亮。
"哇，那是猎户座！"
在四颗明亮的星星包围里，
还整齐地排列着三颗星星。
"找到了，找到了，猎户座很容易被找到！"
"那是天狼星！"
大犬座的天狼星，
是一颗非常耀眼的星。
找到疏散星团，来占卜一下吧，
"十五的月亮和疏散星团，
一个在北天空，一个在南天空……
哦哦，是丰收之年。"
一边观察正月十五的月亮，一边做个占卜吧，
若月亮是红色的，预示着大旱，
若是白色的，预示着阴雨连绵，
若是黄色的，则预示着大丰收。
"正月十五的月亮又大，颜色又黄，
今年一定丰收，是个丰收之年！"
今年一定会好运连连的！

疏散星团就是昴宿星团，
是由众多小星体组成的天体，
因而得名疏散星团。
虽然用肉眼望过去，
只能看到白乎乎的一片，
但用双筒望远镜观察，
星星们一眨一眨地挂在天空，
是一个非常漂亮的星团。

用双筒望远镜观察昴宿星团。

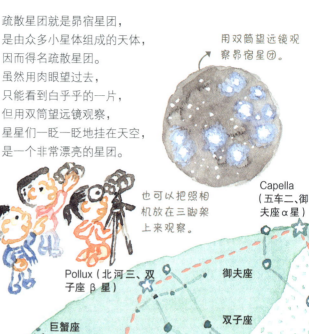

也可以把照相机放在三脚架上来观察。

Capella（五车二、御夫座α星）

Pollux（北河三、双子座β星）

御夫座

双子座

巨蟹座

冬季夜空的钻石

小犬座

冬季大三角

Betelgeuse（参宿四、猎户座α星）

Procyon（南河三、小犬座α星）

麒麟座

猎户座

Rigel（参宿七、猎户座β星）

☆一等星　◎二等星　●三等星以下

Sirius（天狼星、大犬座α星）

大犬座

天兔座

冬季夜空中有很多明亮的星星，在城市里也很容易被看到。

先找找冬季夜空的钻石吧。

东

通过疏散星团占卜农事 ❶

古代的人们通过观察正月十五的月亮和疏散星团来占卜农事，
我们也通过观察疏散星团来占卜一下吧。

如果正月十五的月亮位于疏散星团的北侧，山村会迎来丰收之年。

如果正月十五的月亮位于疏散星团南侧，沿海地区会迎来丰收之年。

通过疏散星团占卜农事 ❷

如果把正月十五的月亮比作"米饭"，把疏散星团比作"孩子"，
那么十五的月亮位于疏散星团的西侧，则预示着这一年是灾年。

如果正月十五的月亮在疏散星团的东侧，
就预示着这一年是丰收之年。

银河

金牛座

疏散星团
（昴宿星团）

Aldebaran
（毕宿五、金牛座 α 星）

根据其他星座的位置，查找疏散星团

鲸鱼座

Eridanus（波江座）

疏散星团　正月十五的月亮

灾年到了，我好饿，快给我饭。

正月十五的月亮　　　疏散星团

今年大丰收，肚子好饱呀，你吃吧。

南　　　西

Nature Playground of Suman

Text by Boolknamu（Gang woo geun）

Illustrated by Boolknamu（Na eun hi）

The Original Korean education © 2012 published by

The Simplified Chinese Language Translation © 200x Zhejiang Literature & Art

Publishing House By Arrangement with Bori Publishing Co., Ltd, Korea through

Bookzone Agency Co., All rights reserved.

本书简体中文版权为浙江文艺出版社独有。

版权合同登记号：图字：11-2019-358 号

图书在版编目（CIP）数据

孩子们，到外面的世界去玩吧 / 姜宇根，罗恩熙著.
—杭州：浙江文艺出版社，2021.1
ISBN 978-7-5339-6311-8

Ⅰ.①孩… Ⅱ.①姜… ②罗… Ⅲ.①游戏—儿童读
物 Ⅳ.①G898-49

中国版本图书馆CIP数据核字（2020）第224950号

责任编辑	王莎惠
责任校对	唐 娇
责任印制	吴春娟
装帧设计	吕翡翠
营销编辑	张恩惠
数字编辑	姜梦冉

孩子们，到外面的世界去玩吧

[韩] 姜宇根 罗恩熙 著 黄艳涛 译

出版发行	浙江文艺出版社
地 址	杭州市体育场路347号
邮 编	310006
电 话	0571-85176953（总编办）
	0571-85152727（市场部）
制 版	浙江新华图文制作有限公司
印 刷	浙江新华数码印务有限公司
开 本	710毫米×1000毫米 1/16
印 张	14.25
插 页	2
版 次	2021年1月第1版
印 次	2021年1月第1次印刷
书 号	ISBN 978-7-5339-6311-8
定 价	68.00元